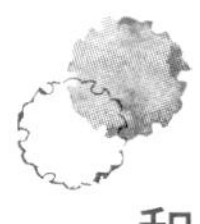

和のふるまい　言葉事典

所作まで身にしみる
趣ある言い方

すばる舎

はじめに

授業の日は着物姿で動き回る私に、「先生の立ち居ふるまいが素敵。真似してみたい」の声。学生たちからのそんな嬉しい要望が、この本のきっかけでした。最近の古典ブームや、和装とは縁遠い生活をするからこその憧れもあるでしょう。

女優業を経て、大学や企業で講師として、「日本の良き伝統文化」を伝えてきて20数年。着物を着ていた時代の趣のある所作や言い方など「和ごころ」のエッセンスは、洋服の現代生活であっても、意識次第で身につくものと考えます。

そこで今回、日本人らしい所作や様子・態度にまつわる表現を「和のふるまい言葉」というカテゴリーにして。多くの方の助言や文豪の書物から、「若い世代に引き継ぎたい」古風な言葉を採集した私自身の学びをもとに、事典の形にして一冊にまとめました。

言葉は単に読むだけでは身につき難く、それに何より親しんで欲しいから。普段の感じで言葉を使うシーンやポーズのコツを愛らしいイラストにして、多数ちりばめました。

和のコミュニケーション術は、印象アップにも効果的です。日々の会話やSNSでも、この本から心に響いたことを1つ2つと使ってみてください。あなたの言葉の庭を、品良く豊かにする語彙集として、お供にしてもらえたら幸せです。

この本の使い方について

1 「和のふるまい言葉」は体の動き、心の動きを含め、少し古風な日本人らしさを感じる言葉を中心に集めています。

2 1~5章に分けて、テーマごとに関連したものを配列しています。興味のあるテーマから言葉を見つけることができます。検索される場合は、巻末の五十音順のさくいんをご参照ください。

3 見出し語は、ひらがな・漢字、英訳の順に表記。英訳は、直訳に限らず意味のわかりやすさを重視しています。

4 用例文は、おもに近代文学の文豪作品を引用しています。文末に作者名と作品名を示しています。出典については巻末をご参照ください。

5 言葉を表わすポーズは各種資料をもとに、著者の解釈に基づきます。礼儀作法にまつわるポーズは、流派にこだわらず一般的な場面想定で要点のみ記しています。

＊関連語
見出しの言葉に関連して
知っておくと語彙が広がる
言葉を示しています。

著者コメント
ふるまい方や心の持ち方のアドバイス、
言葉にまつわるエピソードをご紹介。
言葉を理解して身につける、
想像を膨らませる一助としてください。

言葉の意味

見出し語

英訳

用例文
文豪の作中に使われた言葉を引用。

挿絵
言葉の意味をイメージしやすく、
身近に感じられる
場面想定で描いています。

テーマ

目次

3章 おしゃれふるまい

4章— 生活ふるまい

5章 — 人間関係ふるまい

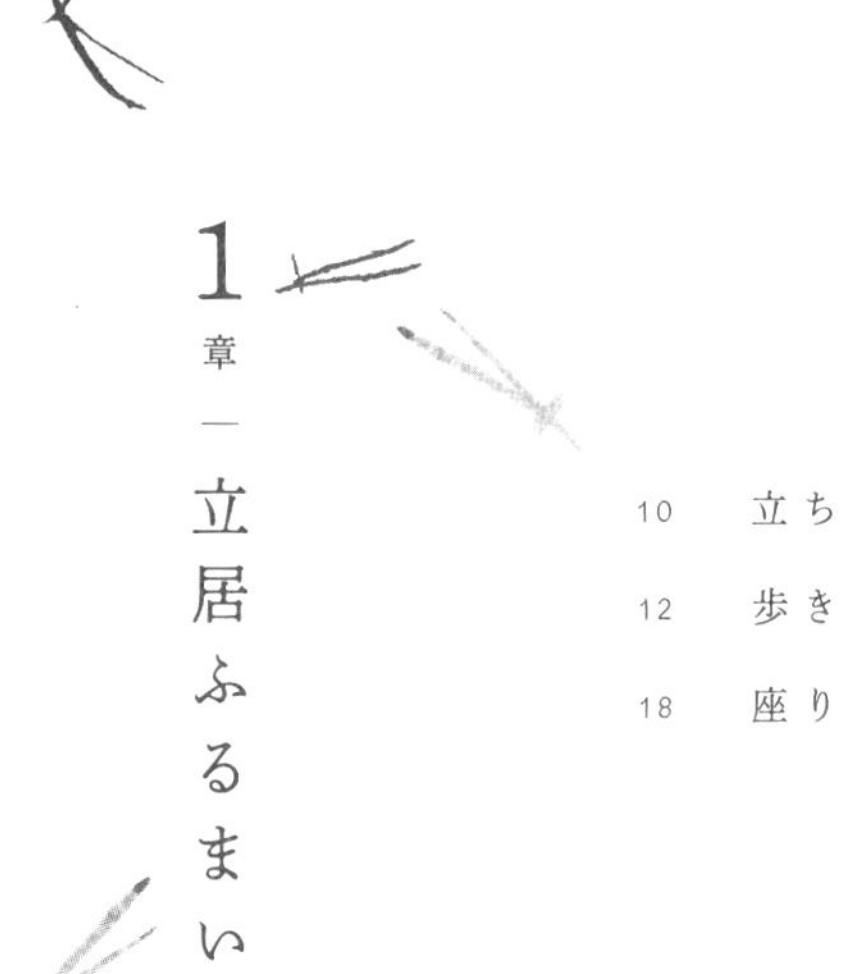

1章 — 立居ふるまい

松葉散らし

松の葉を描いた柄は、松文様の一つ。松は不老長寿を象徴する縁起の良い木で、フォーマルな場で喜ばれる吉祥文様。

たたずむ［佇む］ to stand still for a while

1 しばらくの間、その場に立ち止まっていること。

> 私のすぐ傍らにもあった野薔薇の木を、それが私の見たいと思っている野薔薇の木のほんのデッサンでしかないように見やりながら、私はそのままじっと佇んでいた。
> （堀辰雄「美しい村」）

自然体の雰囲気を醸す立ちしぐさ。写真を撮るときも、「そこに立って」と言うより、「そこに佇んで」と呼びかけられると、雰囲気を出して写りたくなるもの。

＊ちょりつ［佇立］

「佇む」と同じ意味。「ちょりゅう」とも読む。

> 吾輩は嘆賞の念と、好奇の心に前後を忘れて彼の前に佇立して――。
> （夏目漱石「吾輩は猫である」）

＊たちすくむ［立ち竦む］

立ったままで動けなくなること。

> 彼はその方へ歩き出した。彼は往来に立ち竦んだ。
> （梶井基次郎「過古」）

自然体で佇むポーズも、
猫背だけはナシに！

つまだつ［爪立つ］ to stand on tiptoe

1 爪先で立って伸び上がる様子。

> 足を爪立てて少し声高に、（何方ぞ、御免なさい）といった。
> （泉鏡花「高野聖」）

「爪先立ち」も、言葉の短縮化が進む今は、むしろ「爪立つ」が使いやすいそうです。

親指で、ふんばって立つ！
足指力がつきそうです。

うちかたぶく［打傾く］ to angle one's body

1 ちょっと斜めになっている姿のこと。
「うち」はちょっと、軽く、の意。
また、あらたまったときにつける言葉。

> 「——生きている瀬はなかったんですよ」「心細いじゃありませんか、ねえ」と寂しそうに打傾く——。
> （泉鏡花「女客」）

頭のてっぺんが天から吊るされているイメージ。

足を揃え
膝を少し緩めて。

足首を支点にして
やや前傾ぎみ。
手は自然に体の脇に。

足を前に出す。
歩幅は狭めで、
床をこするように。

すりあし

［摺り足］ a sliding walk

1 足の裏で、地面、床や畳をするように歩く、伝統的な和式歩行。

2 能、剣道、日本舞踊など、日本の武道や芸事の基本動作の一つ。

> ト身を返して、背後（うしろ）を見せて、つかつかと摺足（すりあし）して、奥の方へ駈込（かけこ）みながら——。
>
> （泉鏡花「国貞えがく」）

左爪先、右爪先と、
踵を上げずに
足裏で床をこするように。
スススス〜〜。

爪先を下げ
足指で床をつかんで
反対の足を押し出し、
歩を進めて。

爪先が上がり
踵は床につけたまま。
上半身は揺らがずに。

すり足歩行の良き点は？

・静かでいてダイナミック。
・体幹が鍛えられる。
・愛犬・愛猫のシッポ踏みが減る。

きざみあし［刻み足］quick, short steps

1 小股で大急ぎで歩くこと。忙しげな足運びの様子。類義語に「小走り」など。

> これが例の赤鼻で、だらしなく草履をひきずりながら、唯でさえ猫背なのを、一層寒空の下に背ぐくまって、もの欲しそうに、左右を眺め眺め、きざみ足に歩くのだから、通りがかりの物売りまで莫迦にするのも、無理はない。（芥川龍之介「芋粥」）

いちあし［逸足］a trot

1 「いっそく」とも読む。すばやく走ること。類義語は「速足」、「疾走」。

> 栗うりの童は、逸足出して逃去り、学生らしき男は、欠びしつつ狗を叱し、女の子は呆れて打守りたり。（森鷗外「うたかたの記」）

*はせつける［馳せつける］

駆けつけること。大急ぎで目的地に到着すること。

*おっとりがたな［押っ取り刀］

刀を腰に差さずに駆けつけるくらい、大慌てで現場に向かうこと。

よろめく to stagger

1 足取りが乱れて、正しくまっすぐ歩けなくなる様子。倒れそうなほどふらつきながら歩くこと。類義語は「よろける」「ひょろつく」など。

私は節子を腕で支えるようにして行った。私の腕の中で、彼女がすこしよろめくようになったのを感じたが、私はそれには気づかないようなふりをした。（堀辰雄「風立ちぬ」）

心身のエネルギーが切れて弱々しくて、支えがないと歩けない様子。一方、ゆらゆらと揺れ動く心情も表わし、響きもどこか魅惑的な印象です。

＊よぼよぼあるく

［よぼよぼ歩く］

老人や病人などが力なく、おとろえた足どりで歩く様子。

＊ほっつきあるく

［ほっつき歩く］

ほっつく→歩き回る、うろつく。

喬は夜更けまで街をほっつき歩くことがあった。人通りの絶えた四条通は稀に酔っ払いが通る位のもので——。（梶井基次郎「ある心の風景」）

ぬきあしさしあし

［抜き足差し足］ stealthy steps

1 足音をさせないように、そっと歩くこと。爪先を抜くようにそろりと前に進める「抜き足」に、着地の「差し足」を伴って。

> 「雀よ。パンの屑を屋根へ蒔いといたんですの」その音がし始めると、信子は仕事の手を止めて二階へ上り、抜足差足で明障子へ嵌めた硝子に近づいて行った。
>
> （梶井基次郎「雪後」）

「抜き足差し足（忍び足）」と聞くと、ついつい唐草文様の風呂敷を背負った「泥棒さん」を思い出すのは私だけでしょうか。引用文ではそんな不審者ではなく、夢中でパン屑をついばむ雀をそっと見に行く、何ともやさしく微笑ましい「抜き足差し足」です。

あしおとをぬすむ

［足音を盗む］ to sneak on tiptoe

1 「盗み足」とも。歩くときに足音を立てないで、忍び寄る様子。または、その足さばきのこと。類義語に「足音を殺す」など。

> 下人は、守宮のように足音をぬすんで、やっと急な梯子を、一番上の段まで這うようにして上りつめた。
>
> （芥川龍之介「羅生門」）

きびすをかえす

［踵を返す］ to turn on one's heel

1 今来た方向へ引き返すこと。

「きびす」は「かかと」の古風な言い方で「くびす」とも。

もし自分が役者だとして、脚本に「戻る」ではなく、「踵を返す」という一文があったならば、どう動くだろう？と想像を膨らませて。引き返す気持ちが定まったところで、「かかと軸」にして向きを変え、もと来た方角へと足を動かす。決断、気持ちの強さがかかとに表われる所作と思えます。

> 私はとうとう踵(きびす)を返して、再び渓流づたいにその山径を下りてきた。そうして私は自分の行く手に、真っ白な、小さな橋と、一本の大きな蝙蝠傘のような樅の木を認めだすと、私はすこし歩みを緩(ゆる)めながら、わざと目をつぶった。（堀辰雄「美しい村」）

はせさる

［馳せ去る］ to run off

1 「馳せる」+「去る」が組み合わさった言葉。馳せるは、早く走ること、素早く走ってその場から離れる、その様子。

> 「おまえさんたちいい子だから、この蔦の芽を摘むんじゃないよ。ほんとに頼むよ」さすがの子供たちも「ああ」とか「うん」とか生返事しながら馳(は)せ去る足音がした。（岡本かの子「蔦の門」）

＊しざる ［退る］

後へ下がること。後退すること。

「しざる」は「しりぞく」の古風な言い方。

〈美しい正座ポイント〉

しびれそうになったら親指を反対に重ね直したり、上下に動かしてみて。

せいざ［正座］

the formal way of sitting on tatami

1 足を崩さず、姿勢を正して、礼儀正しく座ること。「端坐（たんざ）」は正座と同じ意味。

> 唐桟（とうざん）の縞木綿を伊達に身幅せまく仕立てたものを着ているので、正坐していてもともすると膝前が割れてくる。甚三郎はときどき裾前を右に引いて、しかし兄の前で正坐を崩さなかった。
>
> （有吉佐和子「真砂屋お峰」）

すぐ立ち上がれる片膝を立てた姿勢とは違い、相手に敵意がないことを示していたのが正座。後ろにもたれると美しくなく、足もしびれるので、前方に体重をのせるのがベストです。

きざ［跪坐］kneeling down

1 爪先を立てた正座の姿勢。正座から立ち上がるときなど、いろいろな動作をするときに必要とされる所作をさす。また弓道や空手などでも使われる姿勢。

片方ずつかかとを立て、お尻を下ろして、跪座になる。

「畜生、怪(け)しからず身に染みる、堪(たま)らなく寒いものだ」と割膝(わりひざ)に跪坐(かしこま)って、飲みさしの茶の冷えたのを、茶碗(ちゃわん)に傾け、ざぶりと土間へ、「一ツ此奴(こいつ)へ注いでおくんな、その方がお前さんも手数が要らない」

（泉鏡花「歌行燈」）

〈正座から立ち上がるとき〉

片足を踏み出し、グラつかないように腰を浮かせ、後ろ足を引き寄せて立ち上がる。

たてひざ［立膝］ sitting with one knee up

1 片膝を立てて座ること。

平安時代から江戸時代初め頃までは、男女ともに立膝やあぐらが公の場でも多用された座り方だったそう。テレビの時代劇では、打ち掛けの着物に立膝姿の女人が演じられることも。現代ではあぐらや片膝はお行儀が悪い格好と言われるけれど、かの時代にはそれが好ましい座り方だったのですね。

わたくしはすすめられるがまま長火鉢の側(そば)に坐り、立膝(たてひざ)して茶を入れる女の様子を見やった。年は二十四五にはなっているであろう。なかなかいい容貌(きりょう)である。

（永井荷風「濹東綺譚」）

アシンメトリーなスタイルが格好良く、女性誌のモデルポーズとしても。

そんきょ［蹲踞］ a squat

1 うずくまる格好をすること。

2 相撲や剣道で、競技に入る前の構え。爪先を立て深く腰をおろし、膝を開き、上体は真っ直ぐにした姿勢。

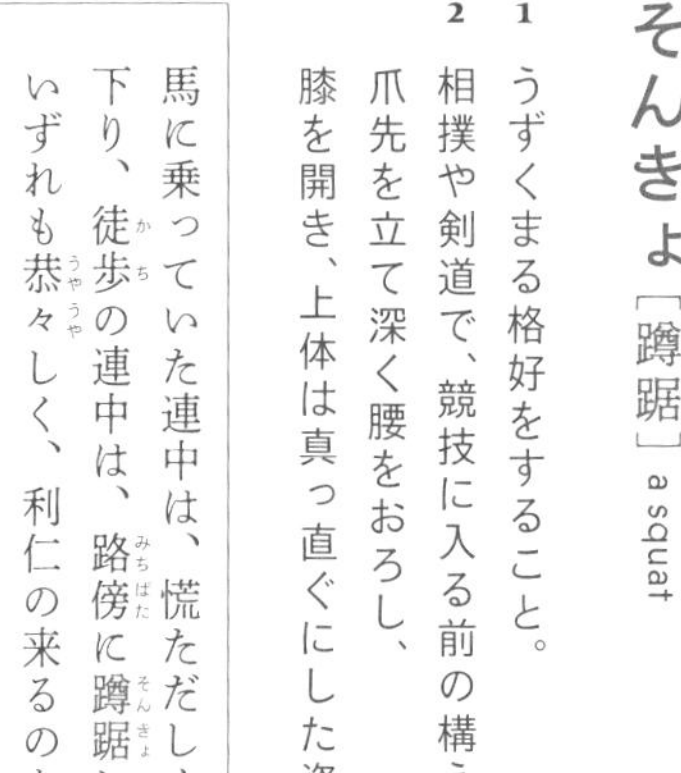

馬に乗っていた連中は、慌ただしく鞍を下り、徒歩（かち）の連中は、路傍（みちばた）に蹲踞（そんきょ）して、いずれも恭々（うやうや）しく、利仁の来るのを、待ちうけた。

（芥川龍之介「芋粥」）

相撲中継などで、立ち合いでの蹲踞を見ると、
体幹にブレのない、心身ともに鍛えられた人ができる姿勢と実感します。

あんざ［安坐］ sitting cross-legged

1 「あぐら」と同意で、安坐は漢語的な言い方。足を楽に組んで座ること。

> もうこれで何も手落は無いと思った五助は「松野様、お頼申します」と云って、安坐して肌をくつろげた。そして犬の血の附いたままの脇差を逆手に持って、「お鷹匠衆はどうなさりましたな、お犬牽は只今参りますぞ」と高声に云って、一声快よげに笑って、腹を十文字に切った。松野が背後から首を打った。
>
> （森鷗外「阿部一族」）

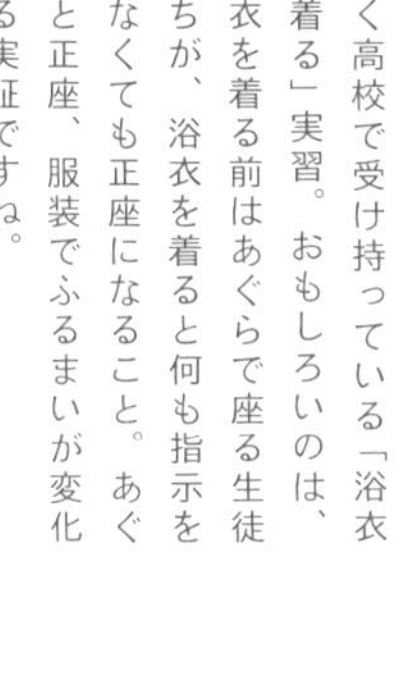

長く高校で受け持っている「浴衣を着る」実習。おもしろいのは、浴衣を着る前はあぐらで座る生徒たちが、浴衣を着ると何も指示をしなくても正座になること。あぐらと正座、服装でふるまいが変化する実証ですね。

＊よこずわり［横座り］

足を横に出した座り方。リラックスした場で女性が多く行う。「お姉さん座り」「人魚座り」などの言い方もある。

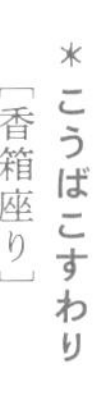

＊こうばこすわり［香箱座り］

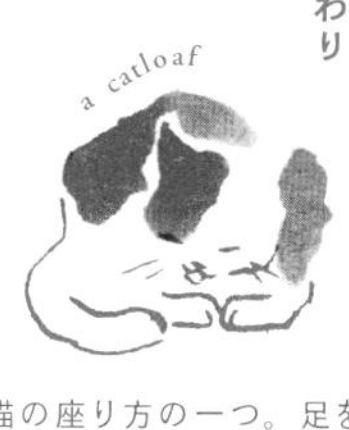

猫の座り方の一つ。足を折り畳んで体の下に収めた姿勢が、香を入れる箱に似ていることからの名。

＊うたひざ［歌膝］

歌人が歌を詠むときの座り方。片膝を立て、短冊を置いて筆を走らせる。膝を文台代わりに用いる。

sitting with one knee drawn up

＊わりひざ［割膝］

左右の膝を開けた座り方。

いざる［膝行る］

to move on one's knees

1 座ったまま、お尻を床につけたまま移動すること。

2 立たないで膝頭を使って動く、膝歩き。類義語に「膝行（しっこう）」「膝繰り」「膝送り」など。

背なかからしんしんとつめたい。大ぶ風が出てきて門松のささ竹が音をたてている。梨花はちょっと座をいざる。

（幸田文「流れる」）

〈ものぐさ系「いざる」〉

例えば、玄関先で靴を履いた後で忘れ物に気づき、（靴を脱ぐ面倒さに負けて）靴を履いたまま膝でいざって、忘れ物を取りに戻る場面。

〈気配り系「いざる」〉

例えば、電車の座席で、一人分の席を詰める際に立たずに座ったまま、いざって席を詰めること。後から来た人のために座るスペースをつくる際に、「ちょっといざれば座れますよ」などと呼びかける場面。

にじる［躙る］ to edge forward

1 座ったままで、両手を支えにして膝を使って少しずつ動くこと。茶道でよく見られる所作。

using your knees with your hands for support.

Move slightly while sitting,

〈和室で「にじる」〉

両手を支えにし、両膝を少しずつ浮かせて前へ出たり、後ろへ下がったり。

立って部屋に入ればよいものを、つい膝でにじって棟梁の前まで進んだ。
（有吉佐和子「真砂屋お峰」）

＊にじりよる［躙り寄る］

座ったまま、じりじりと膝で進み寄って近づくこと。類義語は「いざり寄る」。

親仁は少年の傍(そば)へにじり寄って、鉄梃(かなてこ)をみたような拳(こぶし)で――。
（泉鏡花「高野聖」）

まねたい和しぐさ撰

春

お手本の美姿
『見返り美人図』
菱川師宣 画（江戸初期）

目線は肩越しに

おへそは
進行方向のまま
上半身をひねる

膝を軽く曲げ
右足を引き
左足に重心を乗せる

身体の軸はまっすぐにして、この絵のように顔と目線は後方へ振り返るのです。実際に絵と同じようにやってみると、お腹が絞られるような感覚です。美しい決めポーズというのはかなり身体能力を要するものです。

2章 — 身体ふるまい

春の渡り鳥の燕は、「幸運を運ぶ」とされる。優美な姿をモチーフにした伝統文様は、衣服、器などで人気。

みごなし［身ごなし］ one's bearing

1 体の動かし方、体のふるまいのこと。
「身のこなし」と同じ意味。
「こなし」とは、動作のこと。

子供のほうで除けて通らなければひっかけられてしまう。ひっかけておいて、ぼんやりするな、見て通れ、というこわい人である。るつ子は身ごなしの早い子だが——。
（幸田文「きもの」）

着物を着慣れると、日常の所作を褒められることが増えます。着物を汚さないように引っ掛けないように、まわりに気を配って動くので、自然と奥床しい所作になるからでしょう。足元も、裾幅が狭いので洋服のように大股で歩いたり、電車で足を投げ出して座ったりはしづらいもの。歩幅が小さいと動きが遅くなると思われそうですが、小股で素早く動けば問題ありません。洋服で大ざっぱに一つの動作ですませるところを、着物では小刻みに動いて補います。身ごなしに無駄のない人は、洗練された人に見えます。

＊みぶり［身ぶり］

体の動きのこと。
「身ぶり手ぶり」は、体全体と手の動作で感情や意思を表わすこと。

脇を軽く締めると手ぶりがきれい。

指股が開くと子どもっぽい印象に。中指と人さし指を揃えると品良く見えます。

揺れる袂がしぐさをより優雅に。

歩くときは小股でささっと。細やかな動きが小気味よく見え、かつ運動量も増えます。

みをかわす［身をかわす］to dodge

1 何かにぶつかりそうに、またはぶつかられそうになった場面で、体の向きをさっと変えて避けること。

鋸山は案外すなおにこくんとして身を躱した。主人が極端によけて降りるが――。
（幸田文「流れる」）

＊みをはすによける［身を斜によける］

「斜」は、斜めのこと。体を斜めにして障害物を避ける様子。

体の向きを変えるときは、片足を後ろに一歩引いて。

みをひねる［身を捻る］to turn agilely

1 体を左か右へ回して、向きが変わるようにすること。類義語は「身を翻す」など。

肩をかわし、身を捻って背向になる――。
（泉鏡花「天守物語」）

みもだえする［身悶えする］to writhe

1 「身悶える」とも。恐ろしさや苛立ちなど精神的なことや痛みなど肉体的なことで、苦しみにより体をよじって動かすこと。

この悲しみが深くて美しい美しい母蛇を、いつか、食い殺してしまうのではなかろうかと、なぜだか、なぜだか、そんな気がした。私はお母さまの軟らかなきゃしゃなお肩に手を置いて、理由のわからない身悶えをした。

（太宰治「斜陽」）

＊からだがわななく［体が戦慄く］

恐怖や興奮などによって、小刻みに体が震えること。

みをしずめる［身を沈める］to sink into …

1 体を下のほうに向かって、沈むように移動させる動作。
2 身投げをすることの表現でも。
3 落ちぶれた生活をすることの意にも。

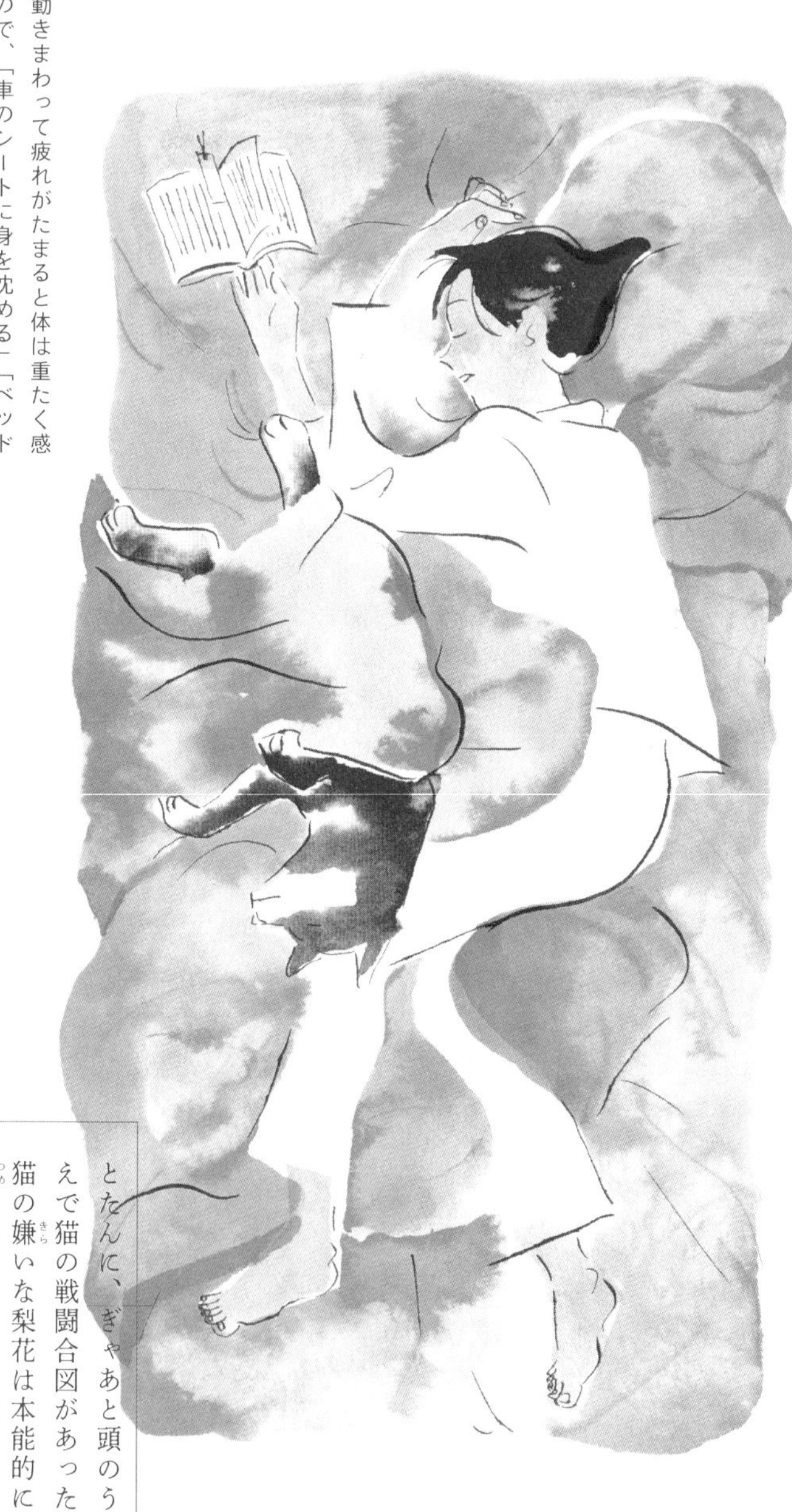

とたんに、ぎゃあと頭のうえで猫の戦闘合図があった。猫の嫌い（きら）な梨花は本能的に爪（つめ）を感じて身をしずめた。
（幸田文「流れる」）

忙しく動きまわって疲れがたまると体は重たく感じるもので、「車のシートに身を沈める」「ベッドに身を沈める」といった言い回しは体感としてしっくりする気がします。

こしをかがめる［腰を屈める］to bend over

1 膝を折って腰を落とし、低い姿勢を取ること。

> 鞴（はこ）へはいる所だから、片手に袴（はかま）をつかんだまま、心もち腰をかがめ加減にした、――その又恰好（かっこう）もたまらなかったっけ。
>
> （芥川龍之介「好色」）

＊こごまる［屈まる］

背を丸く曲げてしゃがんだ姿勢。

物を拾ったり、訪問先で靴を揃えたり、体を屈めるときには、膝を折って腰を落とすと所作がきれいです。腰高で拾う、（例えばフランスの画家・ミレーの「落穂拾い」のようなポーズ）だと、お尻が目立ってしまいますよ。

まず拾う物の横に立ち、足を一歩引き、
膝を曲げて、低く腰を落とします。
背筋は伸ばしたままがポイント。

あまりに腰高で物を拾うと
頭が下がり、姿勢のバランスが崩れがち。

こしをうかす［腰を浮かす］half rise to one's feet

1 立ち上がろうと、腰を半ば上げた姿勢。座っていた状態から腰を上げて、中腰になる格好。

> 「だ、旦那様。手前は供待ちの方で結構でございますから」と腰を浮かすが、七郎兵衛はぐいと引戻して、「まあ、いいってことよ。折角のご馳走だ。真砂屋では見ることもない品ばかり、ゆっくり味わって頂だいしようぜ」
>
> （有吉佐和子「真砂屋お峰」）

およびごし［及び腰］ timidity

1 上体をやや曲げて、手を前に突き出し、腰を引いた不安定な格好。重心が定まらない腰つき。類義語は「へっぴり腰」「浮腰（うきごし）」など。

2 どうふるまうか決められず、自信がない不安な態度の意にも。

代助は無論出したものを引き込める訳に行かなかった。已（やむ）を得ず、少し及び腰になって、掌（てのひら）を三千代の胸の側（そば）まで持って行った。
（夏目漱石「それから」）

どう対応していいか戸惑ったり自信がないとき、不安な感情から人も動物も腰が引けます。わが家の愛犬が及び腰ポーズを取るのは、巨大な招き猫や雪だるま。「これ何？　敵なの？　味方なの？　どういう存在？」とおっかなびっくり。

ひざをつきあわせる

［膝を突き合わせる］ sitting knee to knee

1 お互いに膝を突き合わせて近い距離に座り、対等に向き合うこと。

2 相手が避けられないように、膝を突き合わせて迫ること。「膝詰め」とも。

そうした心の純粋さがとうとう私をしてお里を出さしめたのだろうと思います。心から遠退(とおの)いていた故郷と、然も思いもかけなかったそんな深夜、ひたひたと膝(ひざ)をつきあわせた感じでした。（梶井基次郎「橡(とち)の花」）

正面に向き合っていて、または隣に座っていても、話してるうちにお互いの膝がくっつくほど近づく。「膝を突き合わせる」ほど熱中する間柄は縁深いと思えます。

ひざをたたく

［膝を叩く］ to slap one's knee in understanding

1 相手の意見に賛同したとき、感心したときの動作。

2 「あ！ そういうことか」とひらめき、ふいに考えや答えに思い当たったときの動作。

何故ここんとこにそれを選ぶんだっていうから、南は武家屋敷だから練塀があって、まず火が来るのは北からの場合が多いとみて、鳶の足場は北側に作っておきたいんだと言ったら膝を叩いて、棟梁こんどは私の負けだ、と言った。あんなに楽しかった仕事はなかったぜ。それで値は滅法安くてなあ。（有吉佐和子「真砂屋お峰」）

かたでいきをする［肩で息をする］to pant

1 苦しそうに肩を上下させて、息をする様子。類義語に「息を切らせる」など。

「ようもこのせわしない物日にうかうか出て行けたもんや。あの糞おやじめ」蝶子は肩で息をし、客を送り迎える掛声もむやみに癇高かったが――、

（織田作之助「続　夫婦善哉」）

焦ったり怒ったり、気持ちがたかぶると呼吸が浅くなりがち。

かたをすくめる［肩を竦める］to shrug

1 「竦める」は筋肉が縮んだ状態にすること。不満や不信、意外性に気づいたという気持ちを表わす動作。

「行っといやしたの。お声をかけとくれやしたらよろしいのに……。」と千重子は肩をすくめた。

（川端康成「古都」）

かたをつぼめる［肩をつぼめる］to hunch one's shoulders

1 「つぼむ」は小さく縮めるの意。すぼめること。両肩を小さく縮めて、しょぼんとする動作。

2 肩を縮めるような動作から、肩身の狭い思いをしている様子。

四十女が共同湯を出て二人の方を見た。踊子はきゅっと肩をつぼめながら、叱られるから帰ります、という風に笑って見せて――。

（川端康成「伊豆の踊子」）

かたをはる
［肩を張る］ to square one's shoulders

1 肩をいからせ、四角ばらせた姿勢。
2 気力充実で、臆することなくふるまう様子。

「姉(あんね)え、何んでも構わん、四五人木遣(きやり)で曳(ひ)いて来い」と肩を張って大きに力む。

（泉鏡花「歌行燈」）

＊かたひじをはる
［肩肘を張る］
無理に肩肘を高くして身構えた姿勢から、緊張で余計な力を込めて気負ったり、堅苦しい態度を取ることをさす。または威張った様子。

＊かたをそびやかす
［肩をそびやかす］
あえて肩を張って、まわりを威圧するように歩く様子。

かたでかぜをきる
［肩で風を切る］ to strut

1 肩を張っていからせ、威勢よく歩くこと。
2 得意げにふるまう様子。

洋服の身なりだけは相応にして居ながら其職業の推察しかねる人相の悪い中年者が、世を憚(はばか)らず肩で風を切り、杖(つえ)を振り、歌をうたい、通行の女子を罵(ののし)りつつ歩くのは、銀座の外他(ほか)の町には見られぬ光景であろう。

（永井荷風「濹東綺譚」）

自分を偉く強く見せたいとき、または得意になったとき、「肩」のふるまいで自身の存在を強調するのでしょう。任侠映画が流行っていた頃、映画館から出てきた観客は、肩で風を切って帰ったとか。

たんでんにちからをいれる

［丹田に力を入れる］

to focus one's energy on the solar plexus

1 「丹田」は、漢方医学ではへその少し下あたり（へそ下3寸）を言う。丹田に力を入れると、健康と勇気を得られるとも言われる。

手術をやっても、ピンピン生きて、「水や、水や、水くれ」とわめき散らした。水を飲ましてはいけぬと注意されていたので、蝶子は丹田に力を入れて、柳吉のわめき声を聴いた。
（織田作之助「夫婦善哉」）

丹田（へそ下）に力が入っていると、上半身と下半身を支える軸が安定。立ち姿や座り姿も、丹田を引き締めると体幹がブレずに凛とした美しい姿勢になり、心身に活力が湧く気がします。

〈緊張シーンに丹田の処方〉

大勢の人前に出るときや
初対面の人との会合など
ちょっと緊張する場面で
気をつけると良い丹田ポイント。

姿勢が良くなると、表情が輝き、声もお腹から出ます。

ふところでする

［懐手する］ to have one's hands in one's pockets

1 寒さをしのぐために、両手を（着物の）衣の内側の懐に入れている格好。

2 他人任せで自分は何もしないことの意にも。

> 寒さはだんだん私の身体へ匍い込んで来た。平常外気の冒さない奥の方まで冷え入って、懐ろ手をしてもなんの役にも立たない位になって来た。
>
> （梶井基次郎「冬の蝿」）

うでをこまねく

［腕をこまねく］ to cross one's arms

1 「こまねく」は「こまぬく」とも。腕を組むこと、または左右の手の指を胸の前で組み合わせること。

2 類義語「手をこまねく」は、何もしないで傍観することの意。

> 半年たたぬ間に、焼跡には江戸が新しく生れ変って木の香が町中に漂い出した。まったく、と甚三郎は腕をこまぬいて考えこんだ。
>
> （有吉佐和子「真砂屋お峰」）

腕をこまねく格好（腕組み）は、アスリートの決めポーズ。力強さやたくましさが表わせるからでしょうか。着物や浴衣をまとった男性は、腰帯とのバランスの妙もあり、なおサマになります。

足は肩幅くらいに開いて胸を張って。堂々とした表情でカメラ目線にすると存在感たっぷり。

てをかざす

［手を翳す］ to hold one's hands over…

1 例えば暖を取るためなど、何かの目的のために手を差しかけたり、上から覆ったりする動作。

2 光を遮るために頭や目の上に手をやること。

黒い羽織のひとは薄い細い手のひらを手焙り（てあぶ）にかざしていた。
（幸田文「流れる」）

＊てひさし［手庇］

軒先に差し出た
小さな屋根のひさしのように、
顔にかかる陽ざしを防ぐために、
額の上に手を置いた動作。

太陽の光が眩しいときに手のひらで陽ざしを遮り目元をカバー。また手の甲を上にして、遠方を見たり探すしぐさにも。手の位置や手の甲の向きなど、手のふるまいが様々あります。

老婢は空の陽を手庇で防ぎながら、仰いで蔦の門扉に眼をやっていた。
（岡本かの子「蔦の門」）

強い日が雲の隙間から頭の上を照らした。先へ行く梅子と縫子は傘を広げた。代助は時々手の甲を額の前に翳した。
（夏目漱石「それから」）

その時第一に馳け付けたものは祖父であった。左の手に提灯を翳して――。
（夏目漱石「それから」）

もみでをする

［揉み手をする］ to rub one's hands together

1 両の手のひらを揉むようにしたり、こすり合わせたりする動作。

2 頼みごとや詫びを入れたりするときの手つき。

3 相手にへつらう態度とも。「揉み手すり手でお願いする」という言い方もある。

「へへへへ、いや、どうもな」と亭主は前へ出て、揉手（もみで）をしながら、「しかし、このお天気続きで、先ず結構でござりやすよ」と——。

（泉鏡花「歌行燈」）

さすてひくて

［差す手引く手］ movement of hands

1 おもに舞いの所作として。「差す手」は、手を前へ伸ばすときの手つき、「引く手」は引き縮めるときの手つき。「差す手引く手の艶やかさ」などと言う。

舞いの天才を発揮して京町の名だたる白拍子（しらびょうし）となりました。さす手ひく手の妙（たえ）、面白の振りの中に錆（さ）びた禅味がたゆとうとて——。

（岡本かの子「鯉魚」）

＊てがたなをきる

［手刀を切る］

おもに相撲の所作として。手を刀に見立てて、物を切るようなしぐさをすること。勝った力士が懸賞金を受け取る際に、右手を手刀にして左、右、中央の順に切るしぐさをする。神様へ感謝する礼儀の所作とも。

ゆびさきにつばをつける

［指先に唾をつける］ to lick one's fingertip

1 風向きを調べるしぐさ。

2 唾を使う関連語には「手に唾する」があり、事に着手をする前に、やる気を起こすように手のひらに唾をつける様子。

「はい、手前も見ましたが風が強すぎるんでございますよ。指の先に唾をつけて立ってみましたが、風向きは乾でございますね」なるほど風向きは吹流しよりもっと正確に指先の唾が冷たくなることで悟れるものかと――。

（有吉佐和子「真砂屋お峰」）

引用文では指の冷気を感じる側面で風向きを探知しています。以前にドラマ撮影で、熟練のスクリプターが空を見上げ、「これから雲が出てくるから、雲が抜けるまで休憩」と空読み。今は天気図を検索するのでしょうけど。風を読み空を読み、便利な時代ほど、人に備わった五感を大事にしたいですね。

ゆびおりかぞえる

［指折り数える］ to count on one's fingers

1 手の指を折って、1、2、3と数をカウントすること。

2 指を折って、その日が来ることを待ち望む様子。

お峰が箸の止まったのは日本橋通三丁目の石屋と見合いをして以来である。七郎兵衛は見合いに限って婆やのお伴は禁じたので、どんな相手かしらないけれども、とにかく指折り数えてみればその頃からお峰は様子が変っている。

（有吉佐和子「真砂屋お峰」）

ほおづえをつく［頬杖をつく］to rest one's chin on one's hand

1 肘をついて、手または手のひらで頬を支える姿勢のこと。机に肘をつけて、あれやこれやと思案するときのしぐさ。

> 母のしげは、いつもの父の机にすわって、たばこをのんでいた。左腕でほお杖ついて、背をかがめているので、読み書きでもしているようだが、机の上にはなんにもない。（川端康成「古都」）

文豪のポートレートのお決まりポーズですが、現代でもモデルやタレントがよくするポーズ。顔のまわりに手があると、表情＋αの効果をもたらします。手は小道具であり表情のアクセントになるからです。片肘をつく、両肘をつく、指を組んだり伸ばしたり。様々な頬杖を実演してみるのも楽しいですよ。

片頬を支えた手に片方の手も添える、大人かわいい頬杖。

い｜重ねた両手の甲に顎をちょこんと乗せ、相手の話しに聞き入っている感じの頬杖。
ろ｜結んだ手を顎先に軽く当て、もう一方の手は肘を支えるL字ポーズで、思案している風の頬杖。
は｜有名な「太宰治の頬杖」を思わせるポーズで、ラフな雰囲気ながら知性も感じさせる頬杖。
に｜アイドル風のポートレートで定番ポーズの、頬を手で包むような頬杖。

あたまをもたげる

［頭をもたげる］ to raise one's head

1 それまで下げていた頭や首を、持ち上げる動作。

平中は頭を擡げて見た。が、あたりにはさっきの通り、空焚きの匂が漂った――。

（芥川龍之介「好色」）

素早く軽快にというより、うなだれて力が抜けた頭をゆったりと持ち上げるイメージです。

こうべをたれる

［頭を垂れる］ to hang one's head

1 うなだれている格好。頭は、古語では「首」とも書く。

一体、東海道掛川の宿から同じ汽車に乗り組んだと覚えている、腰掛の隅に頭を垂れて、死灰の如く控えたから別段目にも留まらなかった。

（泉鏡花「高野聖」）

かぶりをふる

［頭を振る］ to shake one's head

1 頭を左右に振って、了承しない気持ちを表わす。

（何でございますね、あとでお食んなさい、お客様じゃあありませんか）

白痴は情ない顔をして口を曲めながら頭を掉った。

（泉鏡花「高野聖」）

かおをくもらせる

［顔を曇らせる］ to darken one's expressing

1 心配そうな悲しそうな、顔の表情が暗くなる様子のこと。

「けどなあ千重子、お父さんもな、千重子の婚礼には、目もあやな、花やかなものをつくってあげるて…。前々から、お母さんもそれは、楽しみにしてるのやけど……。」「あたしの婚礼……？」千重子は少し顔を曇らせて、しばらくだまっていた。

（川端康成「古都」）

くびをすくめる
［首を竦める］ to duck

1 「竦める」は、体のその部位を縮めること。首を縮めるような格好。寒さを防ごうと、首を縮める様子。

2 投げかけられた言葉や目前の出来事に、答えようのない気持ちを首を縮めて伝えるしぐさ。

> 扇風機の前で胸をひろげていたマダムの想出も、雨戸の隙間(すきま)から吹き込む師走(しわす)の風に首をすくめながらでは、色気も悩ましさもなく、古い写真のように色があせていた。
>
> （織田作之助「世相」）

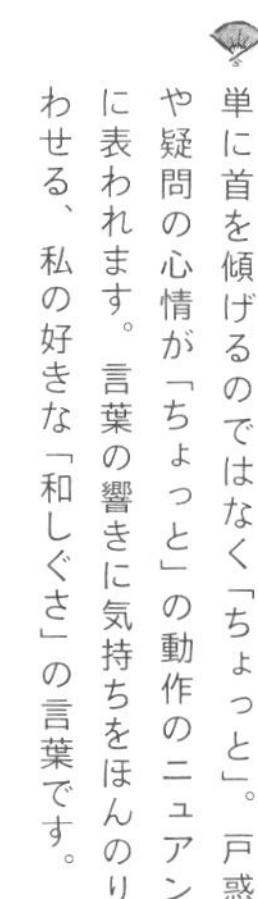

こくびをかしげる
［小首を傾げる］ to tilt one's head a little to one side

1 ちょっと首を傾ける動作のこと。小首の「小」はサイズの大小ではなく、「ちょっと」の意。

2 真実だろうか、と不審がったり疑問に思ったりするときのしぐさ。類義語に「首をひねる」など。

> 「私ね、お滝さんにちょいとお願いがあって来たの」「お入りよ」「私ね」と、小首をかしげて肩掛けをいじりながら、「工夫さんに少し金を貸してあるのよ」
>
> （川端康成「温泉宿」）

単に首を傾げるのではなく「ちょっと」。戸惑いや疑問の心情が「ちょっと」の動作のニュアンスに表われます。言葉の響きに気持ちをほんのり匂わせる、私の好きな「和しぐさ」の言葉です。

みみうちする

［耳打ちする］ to whisper into a someone's ear

1 目当ての人だけにこっそり伝えたいことを、ほかの人に聞こえないように、耳に口を近づけて小声で話すこと。

「あんた、その牡蠣食べんときなさい。……」と、幸子はこっそり貞之助に耳打ちした。

（谷崎潤一郎「細雪」）

美人画の「耳打ちポーズ」を真似て。ささやく側は、言葉が漏れないように口元を手で覆って。聞く側は、相手に耳を寄せて。

私の好きな上村松園や伊東深水らの美人画にも「耳打ちをする女性」がよく描かれています。何を話しているの？と観る人の妄想をかき立てるモチーフなのでしょう。

みみをそばだてる

［耳をそばだてる］ to strain to hear

1 物音のするほうへと耳を傾けて、集中して聞き取ろうとする様子。類義語に「聞き澄ます」など。

勢いづいた三味線や太鼓の音が近所から、彼の一人の心に響いて来た。「この空気！」と喬は思い、耳を欹（そばだ）てるのであった。ゾロゾロと履物の音。間を縫って利休が鳴っている。

（梶井基次郎「ある心の風景」）

暮らしの音から、その土地や季節を感じることがあります。京都住まいの私の音ごよみといえば、大晦日の夜にどこからともなく「ゴーンゴーン」と耳に届く鐘音。「1年が終わり新しい年の始まり」を告げる除夜の音色に、神聖な気持ちで耳をそばだてる時間です。

はなをうつ

［鼻を打つ］ a strong smell hitting one's nose

1 強い匂い、異様な匂いが鼻を強く刺激したときの反応。

濃い香色の物が、二つ三つ底へ沈んでいる。と思うと夢のように、丁子の匂が鼻を打った。これが侍従の糞であろうか？いや、吉祥天女にしても、こんな糞はする筈がない。（芥川龍之介「好色」）

右の文中、鼻を打った糞の匂いを形容した「丁子」とは香料のクローブのこと。どんな匂いって？この場面を想像するとニヤッと笑えます。

はなでわらう

［鼻で笑う］ to laugh cynically

1 相手を小馬鹿にした態度で、鼻先を抜くように笑う。

万遍なく、見上げたり、見下したりして、それから、鼻で哂いながら、急に後を向いてしまう。（芥川龍之介「芋粥」）

こばなをふくらます

［小鼻を膨らます］ to flare one's nostrils

1 「小鼻」は鼻先の膨らんだ部分で、そこを膨らませることで、不平や不満などの感情を表わす。

（百合子は）例の通りちょっと小鼻を膨らませて、それがどうしたんだといった風の表情をしながら——。（夏目漱石「明暗」）

めくるめく［目眩く］dazzling

1 目がくらむ。
目がくるくる回り、目まいがする様子。

> 便所のある所は二階であったが、跨ぎながら下を覗くと、眼もくるめくような遥かな下方に川原の土や草が見えて、畑に菜の花の咲いているのや、蝶々の飛んでいるのや、人が通っているのが鮮やかに見える。
>
> （谷崎潤一郎「厠のいろいろ」）

引用文は、現代のトイレではあり得ない「厠」の描写。まるで異世界へトリップしたような、目眩くおもしろさったら！「めくるめく美の世界」「めくるめく心地」といった使い方もあります。

めをみはる
［目をみはる］to open one's eyes wide

1 目を大きく開いて、じっと見つめること。
「目を見開く」も同じ意味。
類義語の「目を見据える」は、
目玉を動かさずにじっと見つめること。

> 「その代り。」と差出した手を取って引寄せ、耳元に囁くと、「知らないわよ。」と女は目を見張って睨返し、「馬鹿。」と言いさまわたくしの肩を撲った。
>
> （永井荷風「濹東綺譚」）

感動したり驚いたり喜んだり、目をみはる場面は様々。ポジティブな感情もネガティブな感情も、まず目に表われますね。絵文字でも、目で喜怒哀楽を表わすマークがたくさん描かれていることがわかります。

めばしこい［目ばしこい］sharp-eyed

1 状況に応じて機転のきく様子。目をつけるのがすばやく、抜け目なく目ざとい。類義語は「目端がきく」。

部屋へはいって来るなり眼ばしこく、雪丸の箪笥や鏡台がなくなっているのを見ると——。（幸田文「流れる」）

めをしばたたく［目を瞬く］to blink one's eyes

1 まぶたを閉じたり開いたり、何度もまばたきをすること。

令嬢たちの四つの瞳を受けて、鼈四郎はさすがに眩(まぶ)しいらしく小さい眼をしばたたいて伏せた。（岡本かの子「食魔」）

めをかすめる［目を掠める］to keep out of sight

1 人に見られていないときを狙って、ひそかに行動する様子、注意がそれる隙をうかがって行う様子。

「ああ、もうほんとうにお腹が一杯です」と云いながら、日本人側は盛に主人側の眼を掠(かす)めては、持て余した物をテーブルの下でボリスに与えていたが——。（谷崎潤一郎「細雪」）

まなじりをあげる

［眦を上げる］ a hostile / shocked look

1 「眦」は目尻のこと。怒りや驚き、興奮した際に、強く揺さぶられた感情を表わす目尻。

2 逆に嬉しいときには、「眦を下げる」と目尻が下がる。

「あい。合点でございますが、あんた、豪い大酒ですな」「せめて酒でも参らずば」と陽気な声を出しかけたが、つと仰向いて眦を上げた。

（泉鏡花「歌行燈」）

怒って人を睨むとき、目が吊り上がると鬼の形相に例えられます。逆に狸顔のたれ目はおっとりしていそうに見られがち。目尻が上がるか下がるかで、人相は変わるのです。

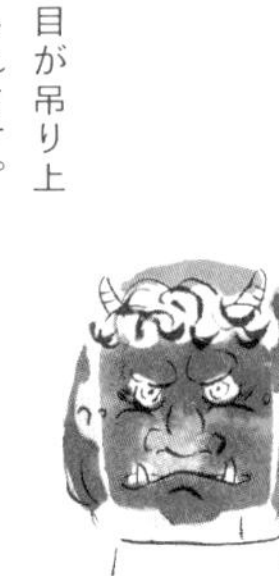

まゆをひそめる

［眉をひそめる］ to raise one's brow

1 胸に抱える心配ごとや、人の嫌な言動を見聞きして、心中の不快な気持ちから顔をしかめる。眉根を寄せる。

「あら何故」「何故って理由もないんだが、不可ない」代助は少し眉をひそめた。

（夏目漱石「それから」）

りゅうびをさかだてる

［柳眉を逆立てる］ to raise one's eyebrows in anger

1 美しい人が、眉を吊り上げて怒る様子のこと。「柳眉」は柳の葉のように細くてきれいな眉のこと。「柳眉を吊り上げる」という言い方も。

ふらりふらりと天女に近づき、片手で天女の片手をとり、片手で天女の頬っぺたを弾きそうな様子であった。天女は飛びのき、凛として、柳眉を逆立てて、直立した。

（坂口安吾「紫大納言」）

まゆにつばをつける

［眉に唾をつける］

to smooth down eyebrows to keep away negativity
(Japanese folklore : like cooties)

1 昔の俗信で、狐や狸に騙されないようにするために、「眉に唾をつけて湿らせておく」というおまじないが端緒とされる。疑ってかかるように、用心する様子をさす。類義語は「眉に唾する」、「眉唾物」など。

> ぽっぽと湯気の立ちそうな景気のいい話だった。眉に唾をつける一方、はげしく梨花は惹かれた。
>
> （幸田文「流れる」）

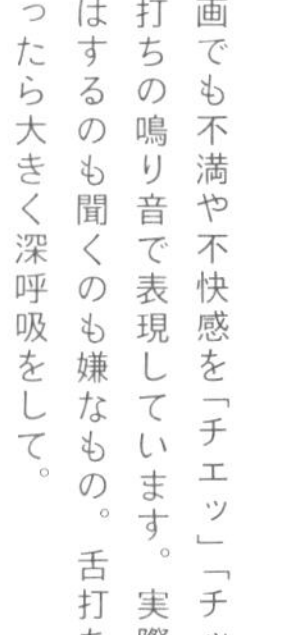

したうちする

［舌打ちする］

to make a click with one's tongue

1 思い通りにいかず、不満や不愉快なとき、悔しがるときなどに、舌で上あごあたりを弾いて音を出すこと。

> 柚木は老妓の顔を見上げたが「やればいいじゃないかって、そう事が簡単に……（柚木はここで舌打をした）だから君たちは遊び女といわれるんだ」
>
> （岡本かの子「老妓抄」）

小説や漫画でも不満や不快感を「チエッ」「チッ」などと舌打ちの鳴り音で表現しています。実際には舌打ちはするのも聞くのも嫌なもの。舌打ちしそうになったら大きく深呼吸をして。

はがみをする［歯嚙みをする］ to gnash one's teeth

1 怒ったり悔しがったりするときに、歯を強く嚙みしめること。

> 「引く足があれば、わしも奥へ這入るが」と、又七郎は苦々しげに歯咬（はがみ）をした。
> （森鷗外「阿部一族」）

＊くちばしをならす［嘴を鳴らす］

歯を強く嚙みしめて、ひどく悔しがること。「歯嚙みをする」と同じ意味で、江戸文学の言い回し。

かたずをのむ［固唾を呑む］ to hold one's breath

1 緊張のあまり口中がこわばったようになって唾液がたまる。その唾液をぐっと呑み込むことで、ことの成り行きを見守る様子。

> 打笑いつつ中将は立って卓子（テーブル）の上よりふるきローヤルの第三読本（リードル）を取りて、片唾（かたず）を呑みつつ、薩音（さつおん）まじりの怪しき英語を読み始めぬ。
> （徳冨蘆花「不如帰」）

映画やドラマのハラハラドキドキのシーン。緊張の瞬間を見守り、祈り、唾ごっくん。喉ぼとけが動き、固唾を呑むのです。

あくびをかみころす

［欠伸を噛み殺す］ to suppress a yawn

1 込み上げる欠伸を表情に出さないように、口を閉じてがまんしている様子。

「――狐の事なぞはどうでも好い。ええと、何を考えていたのだっけ？」平中は空を見上げたまま、そっと欠伸を嚙殺した。

（芥川龍之介「好色」）

おくびをはく

［おくびを吐く］ to belch

1 「おくび」は胃の中のガス、ゲップのこと。ゲップを口の外に出すこと。「おくびを漏らす」とも言う。

彼は、ビールの最初のコップに口をつけこくこくこく飲み干した。掌で唇の泡を拭い払うと、さも甘そうにうえーと噯気を吐いた。その誇張した味い方は落語家の所作を真似をして遊んでいるようにも妻の逸子には壁越しに取れた。

（岡本かの子「食魔」）

＊おくびにもださない

［おくびにも出さない］

心にひめたことを深く隠して、絶対に口に出さず、そぶりにも見せないこと。「おくびにも見せない」「おくびにも立てない」とも言う。

といきをつく

［吐息をつく］ to heave a sigh

1 がっかりしたとき、緊張がほどけたときに吐く大きな息。「ため息をつく」と同じ意。

> 主人はしばしその細き眼を閉じて、太息(といき)つきしが、またおもむろに開きたる眼を冊子の上に注ぎつ。
> （徳冨蘆花「不如帰」）

「ため息」としか言いつけてなかったけれど、太く吐く息は「吐息をつく」がピッタリ。何だか大人の深い事情が込められていそう。「恋が一つ終わって、吐息をついた」……なんて使い方が似合いそうです。

＊いきをこらす［息を凝らす］

息を詰めて、ことの成り行きをじっと見守っている様子。

＊いきをころす［息を殺す］

呼吸の音も抑えて、じっとしている状態。

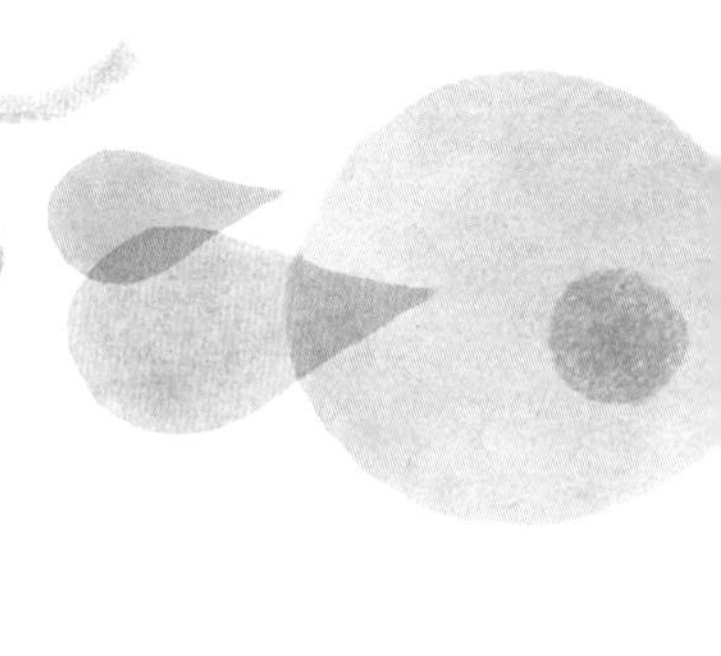

泣き笑いことば

＊しのびなく［忍び泣く］
人目をはばかり、
声を出さないようにして泣く様子。

＊さめざめなく
［さめざめ泣く］
涙を流し、声を忍ばせて泣く様子。

＊むせびなく［むせび泣く］
喉が詰まって
むせたような感じで
声を出して泣く様子。

野島はこの冷たい手紙を繰(くり)返(かえ)しよんだ。そして絶望だと云うことを本当に感じた。彼はすっかり参ってむせび泣いた。（武者小路実篤「友情」）

＊せぐりあげる
［せぐり上げる］
涙がこみ上げること。
しゃくり上げて泣く様子。

冷たい涙が腑甲斐(ふがい)なく流れて、泣くまいと思ってもせぐりあげる涙をどうする事も出来ない。（林芙美子「放浪記」）

＊はらはらとらくるいする
［はらはらと落涙する］
木の葉が落ちるように、
涙のしずくがはらはらと
流れ落ちる様子。

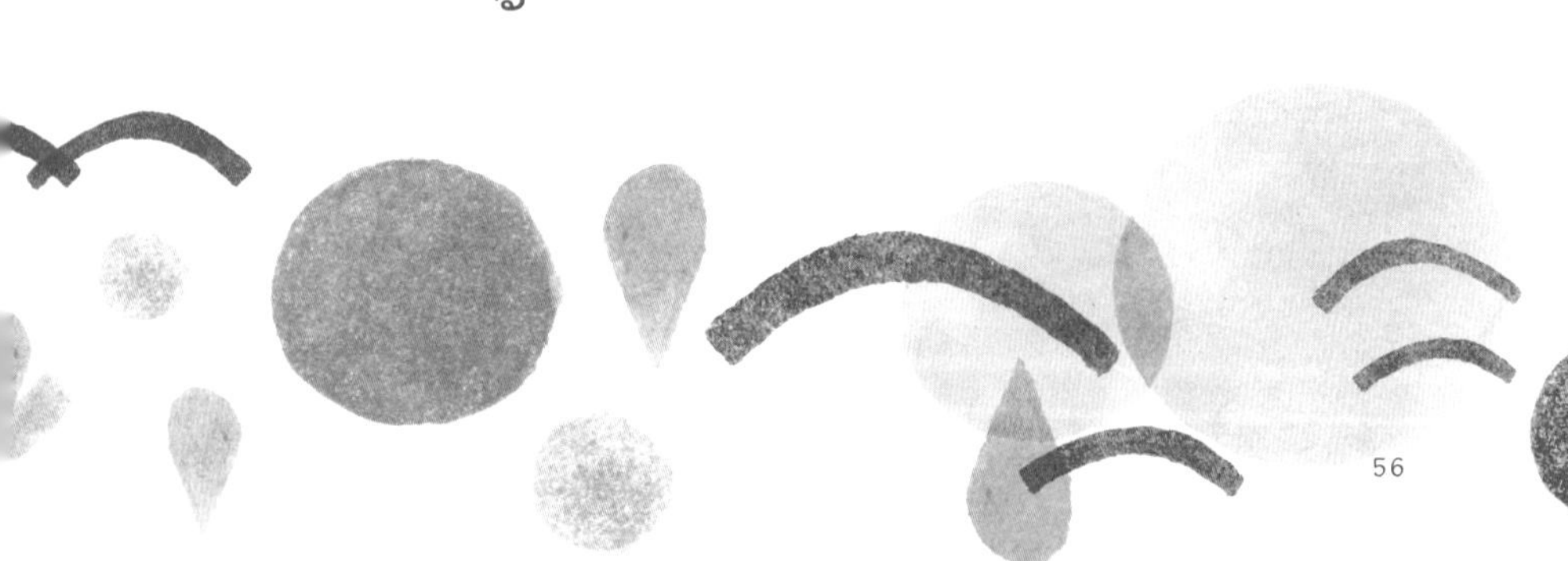

＊ふくみわらう［含み笑う］

声を立てないようにしながらも、心中のおかしさを抑えきれず軽く笑う。口を閉じたまま笑っているのが、表情に出てしまう笑いの様子。類義語に「くつくつ笑う」など。

＊かたほわらい［片頬笑い］

顔の片側の頬で笑うことで、やや嫌味な印象を与える笑い方。

> 「ついでだから云っとくけれど、縁起さまって知ってる？」と片頬（かたほ）笑いをする。ばかにしている、そんなことぐらいは知っている。「でも、しろとさんはたいてい知らないのよ――」
>
> （幸田文「流れる」）

＊たかわらいする［高笑いする］

遠慮なく、大きな高い声を発して笑うこと。

＊からからとわらう［呵々と笑う］

屈託なく、高い声で笑う様子。「呵々大笑（かかたいしょう）」は、からからと大声を上げて笑うこと。

> その代（かわり）といいかけて、折を下に置いて、（御馳走は人参と干瓢ばかりじゃ）と呵々（からから）と笑った、慎み深そうな打（うち）見（み）よりは気の軽い。
>
> （泉鏡花「高野聖」）

まねたい和しぐさ撰

夏

夏の夕涼みの美しい名ポーズ。リラックスした佇まいにするには、息をたっぷり吸って「ふぅ～」とゆっくりと吐いてからポーズを決めること。洋服でもいいですが、浴衣でやってみると爽やかな中にも艶めいた雰囲気が出ます。

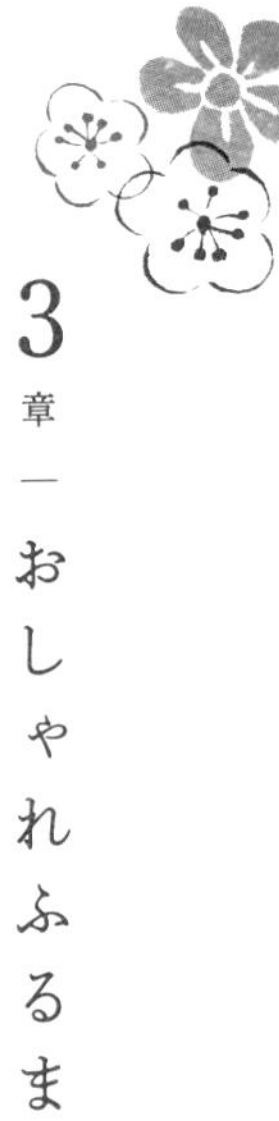

3章 — おしゃれふるまい

梅

寒中に花を咲かせ、実をたくさんつける梅。忍耐力や生命力、子孫繁栄の象徴とされ、日本人に好まれてきた文様。

みじまい［身仕舞い］ dressing oneself

1 服、髪、化粧など、装いを整えること。
類義語には、「身支度」「身拵え」など。

「毎朝、規則正しく起床なさって洗面所へいらして、それからお風呂場の三畳でご自分で髪を結って、身じまいをきちんとなさって――。」
（太宰治「斜陽」）

私の身仕舞いは「いつ・どこへ・だれと」と、TPOを軸に考えます。事前に選んだ中で迷ったら、当日の天候や気分で臨機応変に。おしゃれは、備えあれば憂いなしです！

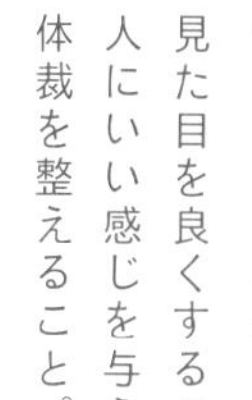

＊つくろう［繕う］

見た目を良くすること。人にいい感じを与えるように、体裁を整えること。

＊なり［形］

かっこう、服装、様子のこと。「派手なり」などという言い方も。

＊べべ

着物や服の幼児語。「おべべ」とも。

〈慌てない身仕舞いのコツ〉

- 当日着たい服に汚れやシワはないか確認。
- 着用したら鏡で、全身を確認。
  足元までのバランスを引きで見て。
- 自分のチャームポイントが引き立つ装いになっている？
  （逆に言うとコンプレックスがうまくカバーできている？）
- 手鏡（合わせ鏡）で後ろ姿もチェック。

めかす to dress oneself up

1 身なりを飾って、おしゃれをすること。丁寧な言い方では「おめかし」。より着飾ることを「めかし込む」とも。

> いつも音楽会と云えば着飾って行くのに、分けても今日は個人の邸宅に招待されて行くのであるから、精一杯めかしていたことは云うまでもないが、折柄の快晴の秋の日に、その三人が揃(そろ)って自動車からこぼれ出て阪急のフォームを駈け上るところを、居合す人々は皆振り返って眼を欹(そばだ)てた。
> （谷崎潤一郎「細雪」）

＊よそゆき［余所行き］
外出用の衣服のこと。
または通常とは異なるあらたまった言葉づかいやふるまいのこと。

＊いっちょうら［一張羅］
「羅」とは薄絹(うすぎぬ)の美しい夏着物。
たった一枚しかない晴れ着のことをさす。

京都の生活には、「ハレとケ」が根づいています。ハレ（晴れ）は儀礼やお祭など行事のある特別な日、ケ（褻）は普段の生活の日。私が子どもの頃は、よそゆき着と普段着は明確に別もの。フォーマルなお出かけには、よそゆきの服が着られて嬉しかったものです。フォーマルがカジュアル化している現代ですが、おめかしをして心を弾ませる日も大事です。

まとう［纏う］ to wear

1 衣服などを身に巻きつける。着ること。

藍と紺、縦縞の南部の袷、黒繻子の襟のなり、ふっくりした乳房の線、幅細く寛いで、昼夜帯の暗いのに、緩く纏うた、縮緬の扱帯に蒼味のかかったは、月の影のさしたよう。（泉鏡花「女客」）

寒くなる前に、
ふかふか冬毛をまとうよ。

＊いっしまとわず［一糸纏わず］

衣服を一枚も身につけてないこと、裸の状態。

ぞろり to wear an authentic kimono in a casual way

1 長い衣服で、とくに上質で重たげな着物の裾を、引きずるように着こなす様子。

劇場がひまな時は、何か内職をするらしく、脂づいたような絹ものをぞろりと着て、青白い手で鮨を器用につまんで喰べて行く男もある。（岡本かの子「鮨」）

きぬずれ［衣ずれ］ the rustle of a kimono

1 着物などの衣装が、着て動くことで布がすれ合う様子。着ている布のすれ合う音。

男の感覚に触れる女と云うものは、たゞ衣ずれの音であり、焚きしめた香の匂であり、よほど接近したとしても、手さぐりの肌ざわりであり、丈なす髪の滝津瀬であったに過ぎない。（谷崎潤一郎「恋愛及び色情」）

はだける to expose / to unbutton

1 衿や裾などの衣服の前が開いて、体の一部があらわになること。

娘むすめした着物を着ている。それが産み日に近い彼女には裾(すそ)がはだけ勝ちな位だ。（梶井基次郎「雪後」）

＊はだぬぎ［肌脱ぎ］

衣類を脱いで肌、上半身をあらわにすること。片方の肩をあらわにするのは「片肌脱ぎ」、「もろ肌脱ぎ」は上半身すべての肌をあらわにすること。

かなぐりすてる［かなぐり捨てる］ to fling off

1 「かなぐる」は荒々しく乱暴に何かをすること。身につけている衣服や物などを、乱暴な手つきで投げるように脱ぎ捨てる様子。

るつ子から手荒にきものをとる。亀甲のをはおって見、かなぐって脱ぎ、紅葉のをはおる、その早さめまぐるしさ。（幸田文「きもの」）

夏着物は生地が透けていたり寒色系のコーディネートの工夫もあって、傍から見ると涼しそうに目に映るようですが、そのじつとても暑い。涼しそうな顔で着ていても帰宅したら一気に脱ぐ、あの瞬間の解放感！ 着物人のひそかな快感です。

ひっかける［引っ掛ける］ to throw on

1 コートやカーディガンなどを羽織るようにして、肩上にかける。無造作にラフに着る。下駄やサンダルなどの履き物を、つっかける。

> 婦人は早や衣服を引かけて縁側へ入って来て、突然帯を取ろうとすると、白痴は惜しそうに押えて放さず、手を上げて、婦人の胸を圧えようとした。
>
> （泉鏡花「高野聖」）

ノースリーブを着るような暑い日も屋内は冷房で冷えるから、とカーディガンやショールなどを持って出かけることはありませんか。カフェで寒いなと思ったら、上衣の袖は通さず肩にかけてお茶を飲むひととき。ちょっとおしゃれ度がアップ、大人の余裕さえ感じます。

ひるがえす［翻す］ to shake and then reverse a piece of clothing

1 コートの裾などを、ひらひらとさせること。

2 急に方向を変えて、反対の面を示すこと。

木枯らしが吹く中でも、縮こまらずに背筋を伸ばして颯爽と、コートの裾を翻して歩く姿はかっこいいものです。日本のある名優は立ち回りシーンのために着物の仕立てにひと工夫をして、華麗に裾が翻って、より足運びが軽やかに映えるように図っていらしたとか。映画を観るときは、俳優さんたちの見事な着こなしにもご注目を。

その光景をまざまざ見詰めているに過ぎなかった。瞬間、男は外套（がいとう）の裾（すそ）を女達の前に飜（ひるがえ）して階段を駆け降りて行った。「堂島さん、一寸（ちょっと）待ちなさい」

（岡本かの子「越年」）

すそさばき［裾捌き］ the way one handles the flapping of one's kimono when walking

1 着物で動くときの裾の扱い方。着物の裾がまとわりついたり乱れたりせずに、スムーズに歩く足のこなし。「裾捌きが良い、悪い」などと着こなしを表わすことも。

> 蛇の目傘をさした十銭芸者のうらぶれた裾さばきが強いイメージとなって頭に浮んだ。
> （織田作之助「世相」）

すそをはらう［裾を払う］ to brush the hem of one's kimono

1 衣服の末端部分をさっと軽く手ではたいて、裾を動かすこと。座る際、和装の羽織の裾、洋服でもコートや長いカーディガンなどの裾をお尻に敷かないように行う所作。

> 按摩と女房に目をあしらい。「私は羽織の裾を払って、（違ったような、当ったような、が、何しろ、東京の的等の一人だ。
> （泉鏡花「歌行燈」）

よくある場面は、レストランなどで椅子に座るとき。後ろの裾を手で払って、体から離して座ります。

〈長丈の上衣で椅子（正座でも）に座る所作〉

両手を羽織ものの裏側に当てる感じで、サッと勢いよく後ろに払う。

後ろ姿のシルエットも裾の流れが柔らかでシワにならない。

裾をはさまないように腰を下ろす。

裾が階段の縁で汚れたり
踏んだりしないよう気をつけて。
持ち上げ過ぎて足首が見え過ぎないように。

つまどる

［褄取る］ to lift up the hem of one's kimono

1 「褄」は着物の部分名称で、裾のすみの部分。褄を取るは、（着物の裾を引きずらないように）手でつまみ上げて、裾を引き上げて歩くこと。

姉は花嫁になった。もとのおばあさんの部屋へ行くために、姉は褄をとって歩かせられた。（幸田文「きもの」）

芸舞妓さんたちは、お座敷では着物の裾を長く垂らした「おひきずり」姿で、外を歩く際には「褄を取る」姿で歩きます。この所作、洋服のマキシ丈のワンピースやスカートでも応用できますよ。

えもんをなおす［衣紋を直す］ to straighten up

1 「衣紋」は着物の衿の名称。
衣紋を直すは、衣服の着こなしを美しく整えること。類義語に「衿を正す」など。

> 女は衣紋を直しながらわたくしの側に坐り、茶ぶ台の上からバットを取り、「縁起だから御祝儀（しゅうぎ）だけつけて下さいね。」
> （永井荷風「濹東綺譚」）

ぬきえもん［抜き衣紋］ wearing one's kimono with a low neckline in back

1 衿を後ろへ引き下げて首すじが出るように、着物を着ること。

> 女形のせいか抜き衣紋で着ていて、それは衿白粉が着物につくのを用心しているのかもしれない。
> （有吉佐和子「真砂屋お峰」）

衣紋を抜く着方は、衿足の美しさが際立って、これが日本の衣服の世界観を表わしていると思えます。最近は洋服でも後ろ衿を下げた着方が人気のよう。衿足のきれいな抜け感は和洋ともにポイントですね。

はしょる［端折る］ to tuck up the hem of one's kimono

1 着物の裾の端を折り返す。着物の裾を上げて帯などにはさむのは「裾はしょり」と言う。

長くできている着物をはしょりあげる腰紐が一本、衣紋の形をきめる平ぐけが一本、そのほかは帯あげと帯どめが各一本、合わせて四本だが、このうち着物とからだを結びつけているのは、腰紐と平ぐけの二本で――。

（幸田文「きもの」）

女性の着物は身長より丈を長く仕立てて、着るときに長さを調節して着ますが、この調整部分を「おはしょり」と呼びます。男性の場合は、おはしょりを作らない「対丈」で、女性の着方より簡単です。でも何世代にも受け継がれてきた、おはしょりにこそ「着物らしさ」を感じます。

たくしあげる［たくし上げる］ to hitch up

1 余分で邪魔になる衣服の先端を、手でまくり上げること。

お峰は立上るときにはもう上裾をきりりとたくしあげて帯の下に挾み入れていた。

（有吉佐和子「真砂屋お峰」）

しごく

to draw something through one's hand

1 一方の手で握って固定し、もう片方の手で強くこするようにして引く。

「ここが、おたいこで、ここらあたりが、前のつもりどすけど……。」「まあ。」と、苗子は帯をしごいてみながら、「あたしには、もったいのおすわ。」と、苗子は目をかがやかせた。

（川端康成「古都」）

帯は体に添うようにひと巻きごとキュッと締めていきますが、お太鼓が完成したら最後に帯の中心（前）から脇までしごくと、帯が締まって具合がいい。モデル時代に、着つけ師の先生が教えて下さったワザですが、体にぴったりと添う感じになります。自分で着るときも人に着せるときも、最後の仕上げの「しごき」、おすすめです。

もみたてる［揉み立てる］

to crumple up

1 手のひらを当てたり、手や指でつかんだりしたまま手のひらや指を動かす。

2 両方の手にはさんだものを、互い違いにこすり動かす。

と込上げ揉立(もみた)て、真赤に成った、七顛八倒(しちてんばっとう)の息継(いきつぎ)に、つぎ冷(ざま)しの茶を取って――。

（泉鏡花「売色鴨南蛮」）

からげる

［絡げる］ to tie up

1 束ねてしばる。紐を巻きつけるようにかける。
2 まくり上げて帯などにはさむ。

小走りに行き、雨やどりのあと裾からげしてまた道を行きながら、自転車の稽古をしなくてはならぬと思った。（織田作之助「続 夫婦善哉」）

浴衣実習のときは、「紐はからげて」と実践を交えて説明。「からげる、はしょる、しごく」、若い世代にはすべて新鮮でおもしろい響きのようです。

ゆわえる

［結える］ to tie

1 紐などで結ぶ、しばる。
細長い物の両端を交差させて輪をつくり、互いの先端をその輪の中に通して解けないように締める。

「薄の葉でこんなに手を切りました。ちょいとこれで結わえて下さいな」（伊藤左千夫「野菊の墓」）

洋服に慣れた現代人は、着物を着ると「結ぶ」多さに驚きます。しっかり結んだりゆるめに結んだり、加減を自分で調節できれば、長時間着ていても楽に過ごせますよ。

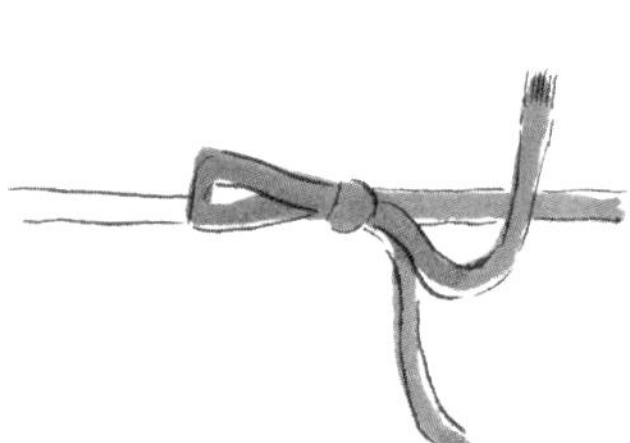

*かたむすび ［片結び］

輪をつくった一方に他方をからめるように回してしばる紐の結び方。解きやすい。

たすきがけ［襷がけ］

having kimono sleeves pulled

1 家事や作業をするときに、着物の長い袖が邪魔にならないように紐でたくし上げて留めること。かけ方には人それぞれのやり方がある。

い

左側の紐端を口にくわえて、首の後ろから背中へ回して。

ろ

背中で紐をクロスさせて、右袖を紐で引っかけて。

左袖を引っかけて、前で紐端を結んだら出来上がり。

「はい」と勢よく返事したときには、お峰はもう甚三郎の隣に坐っていた。手拭いで姉さんかぶりをし、襷がけで前掛けをした下では、裾がからげてあって膝から下は長襦袢だけになっている。

（有吉佐和子「真砂屋お峰」）

着物で家事をする前に、襷がけをしますが、リズムよく紐が結べると、さあ、やろう！と、より前向きな気分になります。サッと素早く結べるようになるコツは、体で覚えること。集中して数回繰り返し練習したら手が慣れてきます。

*はちまき［鉢巻き］
頭のまわりに巻きつける細い布、
またその布を巻きつけること。

お祭などで、ねじって
頭に巻く鉢巻アレンジ。

*あねさんかぶり［姉さんかぶり］
手拭いを広げて
頭を軽く包むかぶり方。

*ほおかむり［頬かむり］
頭から顎の下へかけて
布でおおうこと。「ほっかぶり」とも。

泥棒の定番姿で、鼻の下に
かけた頬かぶりアレンジ。

けわい［化粧］

to do one's make up

1 「化粧（けしょう）」の古い言い方。
ファンデーションや口紅をつけて、顔をきれいに見せようとすること。

待機していたように廊下へ向いた手前のと次のと二タ間の障子がいっしょに明いて、美しく粧（けわ）った首が二ツつき出た。「おねえさん、見たところじゃよさそうよ。」すばやく、しかし十分に検分が済まされたようだった。

（幸田文「流れる」）

江戸時代のお姫様に対しての、化粧の心得には、「御けわいのこと。薄々とあそばされよ」とあり。昔から過剰な化粧は嗜みがないこととされていたとか。現代では、装いの一部でもありますが、気持ちを上げるスイッチでもあります。ずっとONも疲れるけど、お化粧は顔をキレイにする効果と元気の源でもあるから、ときどきONにしてみてくださいね。

*おしろいをつける［白粉をつける］

「しろい」は白い物の意味。化粧のために顔につけたり塗ったりする白い粉のこと。

「白粉気がない」は「化粧っ気がない」と同じ意味で、いかにも化粧をしてない顔の様子。

*しふん［脂粉］

紅とおしろい、化粧のこと。

まゆをひく［眉をひく］ to pencil in one's eyebrows

1 眉を描くこと。長く線を描くこと。

> 私はしみじみと白粉の匂いをかいだ。眉をひき、唇紅も濃くぬって、私は柱鏡のなかの姿にあどけない笑顔をこしらえてみる。
> （林芙美子「放浪記」）

べにをさす［紅をさす］ to rouge one's lips

1 口紅をつける、頬紅をつける、など化粧の動作を表わす。
「紅」は口紅や頬紅など、赤い色の染料の化粧品のこと。
「紅をひく」とも。

昔は薬指で口紅を塗っていたことから「紅さし指」とも言うそう。

> 口許を拭って、紅盃の中味に薬指を入れて、下唇に紅をさすと――。
> （有吉佐和子「真砂屋お峰」）

芸者さんを演じたとき、眉の下地に紅筆で紅をひいてから黒く眉を描き、目尻にも紅を入れ、頬紅は目のまわりに薄くぼかし、耳たぶにもほんのり紅をさしました。仕上げは真っ赤な紅でおちょぼ口に。女性の顔を彩る、紅は利かせの大切な色です。

かみをなでつける

［髪を撫でつける］ to comb one's hair down

1 髪の毛などの毛の流れを、（手や櫛、ブラシで）撫でてきれいに整えること。

> お峰も着替えて、丸髷も艶やかに撫でつけている。「おや、正月でもないのに改まったね」
> （有吉佐和子「真砂屋お峰」）

江戸時代は、公家や武家、町人など身分によって髪型が異なり、時代劇でも役で鬘（かつら）が違います。ある劇で、武家の娘役だった私は鬘のまま居眠りを。本番前に形が崩れ、髪結さんに大目玉を食らいました。再び櫛で鬢を撫でつけると、髪の艶がよみがえり、事なきを得ました。

＊かみをすく ［髪をすく］

丁寧に、もつれ合っている髪を整えること。

＊おぐしあげ ［お髪上げ］

「お髪」は、（女性の）髪の丁寧な表現。お髪上げは、人の髪を結うこと。

びん

［鬢］ the hair at the temples

1 髪の部位名称で、顔の両サイド、耳ぎわの髪のこと。「鬢つけ油」は昔ながらの整髪剤で、今は、力士の髷（まげ）を結うために使われている。

> 女は何とも答えず、肌ぬぎのまま、鏡台の前に坐り毛（け）筋棒（すきぼう）で鬢（びん）を上げ、肩の方から白粉をつけ初める。
> （永井荷風「濹東綺譚」）

そくはつ［束髪］swept-back hair with a bun at the back of the head

1 明治時代に洋装の影響で生まれた結い髪。日本髪よりも手軽で、和装にも洋装にも似合うことから人気に。束髪のヘアスタイルには様々なアレンジが生まれた。

> 奥さんは人に逢うのを予期してでもいたかと思われるように、束髪の髪の毛一筋乱れていなかった。
> （森鷗外「青年」）

ひさしがみ［庇髪］a Japanese style pompadour

1 前髪と鬢（耳ぎわの髪）とを、とくに前に突き出すように結った髪型。また、その髪に結った女性のこと。明治末〜大正時代に女学生の間で流行。

> まだどこかの学校にでも通っていそうな庇髪（ひさしかみ）の令嬢で――。
> （森鷗外「青年」）

顔姿ほめことば

＊べっぴん［別品／別嬪］

美人の古風な言い方。
美しい女性のこと。
類義語に「器量良し」など。

＊ほそおもて［細面］

ほっそりとした顔、
面長な顔。

＊うりざねがお［瓜実顔］

色が白くて
やや細長い顔のことで、
昔の美人の典型とされた。

> 女は長い髪を枕に敷いて、輪廓（りんかく）の柔らかな瓜実顔（うりざねがお）をその中に横たえている。
>
> （夏目漱石「夢十夜」）

＊たまはだ［玉肌］

玉のように艶やかな肌。
「玉の顔（たまのかんばせ）」は、きれいな顔のこと。

> いくら美人の玉の肌でも、お臀や足を人前へ出しては失礼であると同じように、あゝムキ出しに明るくするのはあまりと云えば無躾千万、見える部分が清潔であるだけ見えない部分の連想を挑発させるようにもなる。
>
> （谷崎潤一郎「陰翳礼讃」）

＊みどりのくろかみ［緑の黒髪］

若い女性などの、
黒く艶のある髪のこと。

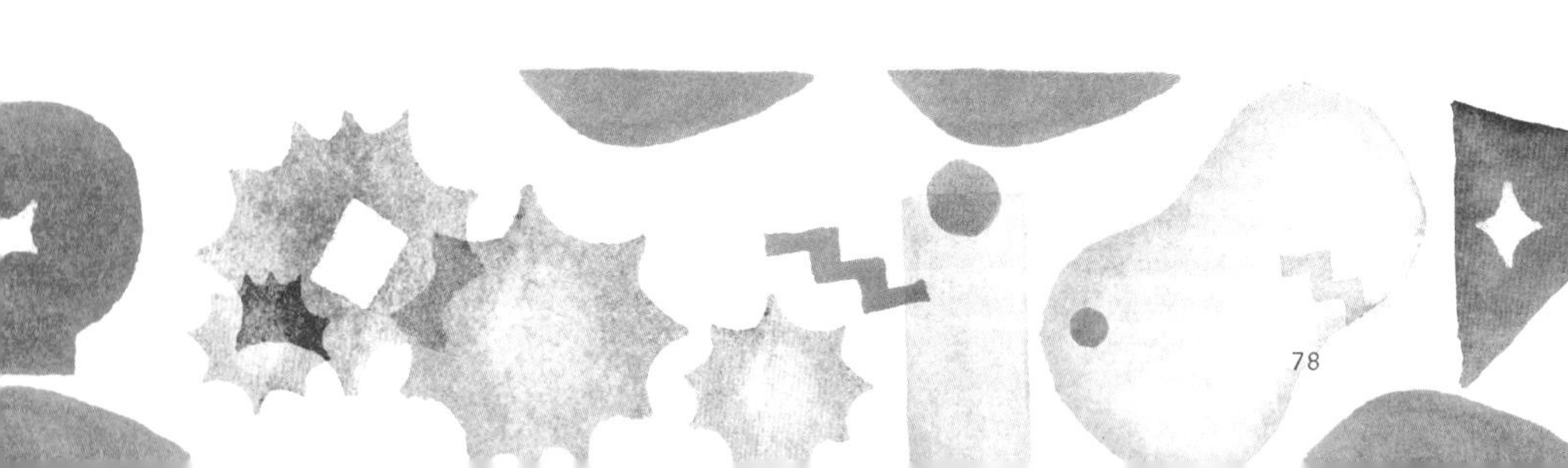

＊あかぬける［垢抜ける］

都会的に、洗練された様子。ふるまいや服装などが田舎臭くないこと。

蝶子は芸者や女将たちの誰とも友達のような口を利いた。蝶子の垢ぬけた容姿やさっくりした気性は芸者たちに好かれ――。

（織田作之助「続　夫婦善哉」）

＊こまたのきれあがった［小股の切れ上がった］

姿がスラリとした女性で、粋な感じがする人のこと。

＊いなせな［鯔背な］

若い男性などで、男気がある様子のこと。

＊だてしゃ［伊達者］

おもに男性で、人目を惹く、おしゃれな身なりの人。粋なこと、風流を好む人。類義語に「洒落者」など。

まねたい和しぐさ撰

秋

お手本の美姿
『黒船屋』
竹久夢二 画（大正8年）

夢二の描く美人は「夢二式美人」と呼ばれ、その特徴のひとつは、ゆるやかな逆S字のシルエット。少し目を伏せたうつむきがちなポーズに、指先や足先までかわいらしさを意識して、センチメンタルな雰囲気をまとってみましょう。

4章—生活ふるまい

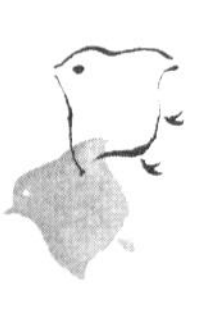

千鳥

おめでたい場に好まれる吉祥文様。千鳥＝千取りの語呂合わせからも、勝運祈願や目標達成の意味でも用いられる。

ゆうげをしたためる

［夕餉をしたためる］ to have supper

1 夕飯を取る、の古風な言い方。
「餉」は「食事」、

「したためる」も食事をすること。

朝飯は「朝餉」、昼飯は「昼餉」。


持って帰ると母親はそれを巧に煮て、春先の夕暮のうす明りで他人の家の留守を預りながら母子二人だけの夕餉をしたためるのであった。

（岡本かの子「食魔」）

お茶漬けは「掻っ込む」
お蕎麦は「手繰る」
フライドチキンに「齧りつく」
ラーメンの汁を「すする」……。
同じ食べるしぐさでも、
食べ物によって言い方は様々。

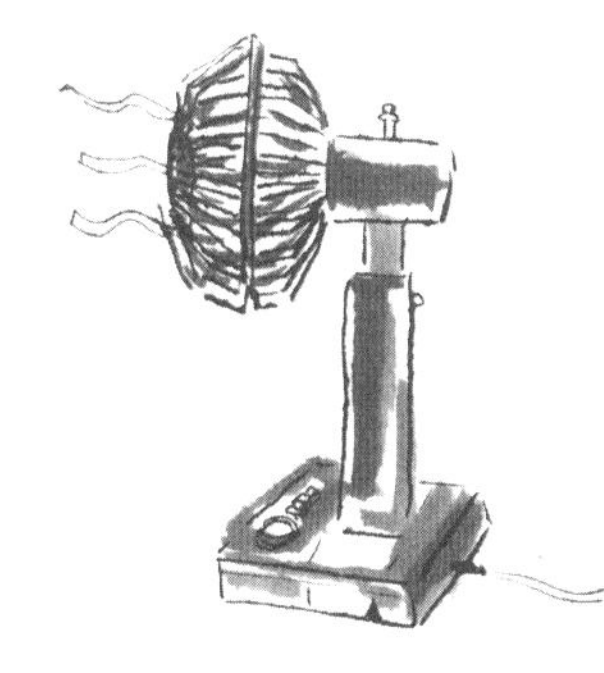

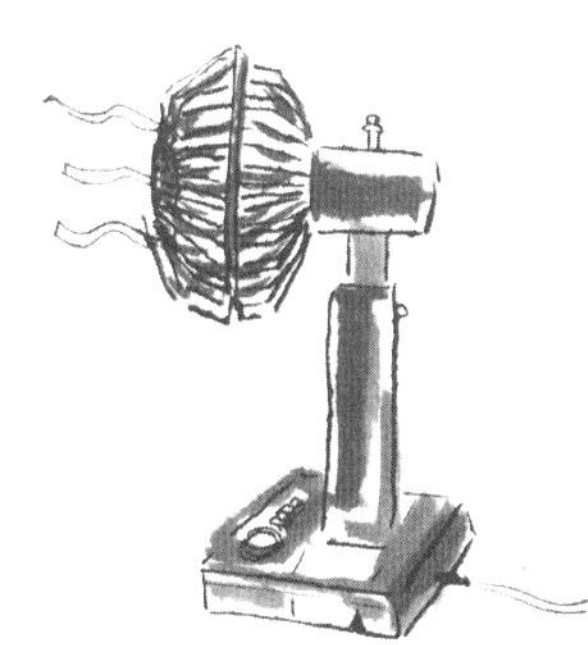

くちをうるおす

［口を潤す］ to moisten one's throat

1 水や酒、液体のもので、
口の中を濡らすこと。
2 喉が渇いているときに
飲み物など
恵みのものを口にすること。

その日のお昼すぎ、私がお母さまの傍で、お口をうるおしてあげていると、門の前に自動車がとまった。和田の叔父さまが、叔母さまと一緒に東京から自動車で馳せつけて下さったのだ。

（太宰治「斜陽」）

かきこむ

［掻き込む］ to gulp down

1 食べ物を掻き寄せ、口の中に放り込むようにして食べる様子のこと。「掻っ込む」は強調した言い方。類義語の「頬張る」は、食べ物を口いっぱいに入れて食べる様子。

> わたくしはお雪さんが飯櫃を抱きかかえるようにして飯をよそい、さらさら音を立てて茶漬を掻込む姿を、あまり明くない電燈の光と、絶えざる溝蚊の声の中にじっと眺めやる時――。
>
> （永井荷風「濹東綺譚」）

お茶碗を口から迎えてガツガツ食べるのはお行儀がよろしくないと言うものの、おいしそうに食べる姿は気持ちの良いものです。お茶漬けやどんぶり飯のCMで、ご飯を勢いよく掻っ込む動作は、見る者の食欲をそそります。

すする

［啜る］ to slurp

1 蕎麦やラーメン、飲み物など、熱めの汁物を、口に吸い込み（ずずずっと音をたてるような感じで）飲むこと。

> 綺麗ではないけれど、拭きこんだ格子を開けると、いつも昼間場所割りをしてくれるお爺さんが、火鉢の傍で茶を啜っていた。
>
> （林芙美子「放浪記」）

お蕎麦屋さんでは、江戸っ子にならってざる蕎麦をずずずっと喉ごし良く啜るのがカッコいいなと思います。寒くなるとお蕎麦も汁だくのあつあつのお汁を啜りたくなるのですが、じつは猫舌な私。小粋に啜りたい気持ちと葛藤しながら、熱い汁や麺と格闘するのが常のことです。

しょうばんにあずかる

［相伴に預かる］ to join a guest for a meal

1 「相伴」とは、
連れ立って行くことや、
連れの人の意。
正客の連れの客として、
同席してもてなしを受けること。

> 五位も、外の侍たちにまじって、その残肴の相伴をした。当時はまだ、取食みの習慣がなくて、残肴は、その家の侍が一堂に集まって、食う事になっていたからである。
> （芥川龍之介「芋粥」）

「お相伴」を知ったのは、茶道のお稽古です。正客には「お相伴致します」、次客には「お先に」など、お茶ではおもてなしの場面に合わせ、言葉を交わします。こういう趣きのある言葉を使うと会話が深まりますね。

〈目上の方から食事のお誘いを受けたら〉

「ご厚意に甘えて、ご相伴に預かります」などと言い添えると、「同席させていただきます」と伝わります。

＊おおばんぶるまい ［大盤振る舞い］

ご馳走のこと。「大盤」は当て字。もとは「椀飯振舞」で、お椀に飯を盛ってふるまう、惜しみなく盛大にもてなす意。

＊ぶれいこう ［無礼講］

礼儀や身分の違いをとがめずに、
全員がくつろいでふるまえる集まり（宴会）のこと。

しゃくをする

［酌をする］ to serve sake

1 酒を杯に注ぐこと。
「お酌をする」は丁寧な言い方。

> 私も、父にお酌をしてあげました。私たちのしあわせは、所詮（しょせん）こんな、お部屋の電球を変えることくらいのものなのだ——。
>
> （太宰治「燈籠」）

＊さかずきをとりかわす

［杯を取り交わす］

新郎と新婦、親分と子分など、絆を結び約束の誓いをたてるときなどに、お互いに杯につがれた酒を飲むこと。

＊さしつさされつ

酒をついだり、つがれたり。
お互いに何度も杯のやりとりをして飲む様子。

とっくりのしりをつまむ

［徳利の尻を摘まむ］ to pour sake by lifting the bottle from the bottom

1 「徳利」とは、細長く口が狭い形をした酒器のこと。「とくり」とも。
その徳利の底側を指先で軽く持ち上げて、酒を注ぐ所作を表わす。
「徳利の尻を持つ」も同じ。

> 私は筵会（えんかい）の末座（まつざ）に就いた。若い芸者が徳利（とくり）の尻（しり）を摘（つ）まんで、私の膳（ぜん）の向うに来た。そして猪口（ちょく）を出した私の顔を見て云った。
>
> （森鷗外「余興」）

熱燗の酒が入った徳利は、すこぶる熱い。ですから指先で持って、もう片方の手を添えながらお酒を注ぐのですが、その所作はとても日本的。日本舞踊や落語でも、扇子を徳利に見立て酒を注ぐ振りや、扇子を器に見立てて飲む振りがあります。

徳利からお猪口に注ぐふるまいは、指先の表情が際立ちます。日本酒の味わいとともに乙なものです。

さけがきく

［酒が利く］ to become drunk

1 「利く」は十分な働きをすること。酒がよく働く、つまり酒が回って酔っている状態のこと。ひどく酔っ払った状態は「酩酊」とも。

> 「好い心持に酔いました。先日からかれこれと心遣(こころづか)を致しましたせいか、いつもより酒が利(き)いたようでございます。御免を蒙ってちょっと一休みいたしましょう。」
>
> （森鷗外「阿部一族」）

＊くだをまく ［くだを巻く］

酒に酔った状態で、くどくどとつまらないことをしゃべる様子。

＊ろれつがまわらない ［呂律が回らない］

酒に酔ったりなどして、舌がよく動かずに言葉がはっきりと言えない状態のこと。

おざがさめる

［お座がさめる］ to ruin the mood

1 その場の空気や気持ちが、しらけてしまうこと。盛り上がっていた場の雰囲気が、よそよそしい感じになること。

> 西洋の婦人の肉体は、色つやと云い、釣合いと云い、遠く眺める時は甚だ魅惑的であるけれども、近く寄ると、肌理(きめ)が粗く、うぶ毛がぼうぼうと生えていたりして、案外お座が覚めることがある。
>
> （谷崎潤一郎「恋愛及び色情」）

＊おひらきにする

［お開きにする］

宴会や祝事などの際に、閉会すること。終わりにすること。類義語は「散会」など。

一服した後に「コンコン」と打ちつけて灰を捨てる。キセルの所作と音色からも風情を感じます。

＊たばこをくゆらす
［煙草を燻らす］
ゆっくりと煙を立てる様子。

＊たばこをのむ［煙草を呑む］
煙草を呑む＝吸う。
煙草の場合は「喫む」とも書く。

たばこをふかす
［煙草を吹かす］to puff on a cigarette

1 「吹かす」は、煙を出すこと。煙草を吸って煙を吐き出すこと。

僕は気に入った恰好の別荘があるのを見つけると、構わずその庭園の中へはいって行って、そこのヴェランダに腰を下ろし、煙草などをふかしながら、ぼんやり二三時間考えごとをしたりします。（堀辰雄「美しい村」）

今では歌舞伎やテレビの時代劇でしか見なくなりましたが、明治生まれの私の祖父はキセルで煙草を吸う人でした。煙草盆の引き出しから刻み煙草を取り出し、キセルの先端に詰めて火をつけ、一服吸って「ふぅ〜」とゆっくり煙を吹かします。その一連の流れは幼き身にも強く印象に残ったしぐさでした。

ひじまくらをつく

［肘枕をつく］ to rest one's head on one's hand, elbow on the ground

1 肘を曲げて、枕の代わりにすること。類義語は「手枕」など。

> 千重子の暮(くら)しのなかでは、寝ころんだ男の姿など見なれなかった。真一は大学の庭の芝生で、よく友だちと、肘枕(ひじまくら)をついたり、仰向(あおむ)けにのびたりして、談論風発するのだろう。その恰好(かっこう)を取ったに過ぎまい。
>
> （川端康成「古都」）

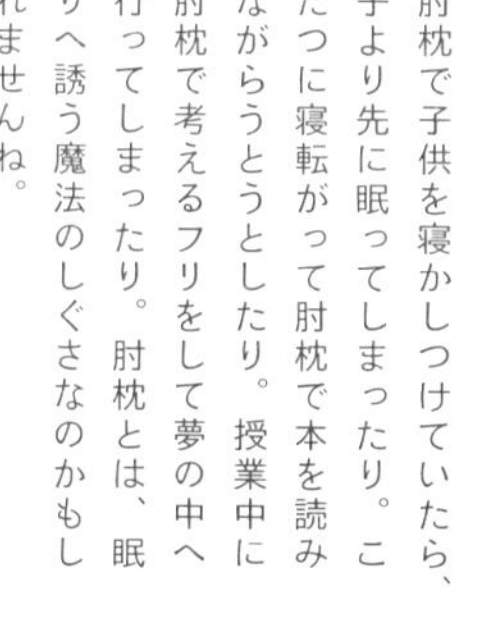

肘枕で子供を寝かしつけていたら、子より先に眠ってしまったり。こたつに寝転がって肘枕で本を読みながらうとうとしたり。授業中に肘枕で考えるフリをして夢の中へ行ってしまったり。肘枕とは、眠りへ誘う魔法のしぐさなのかもしれませんね。

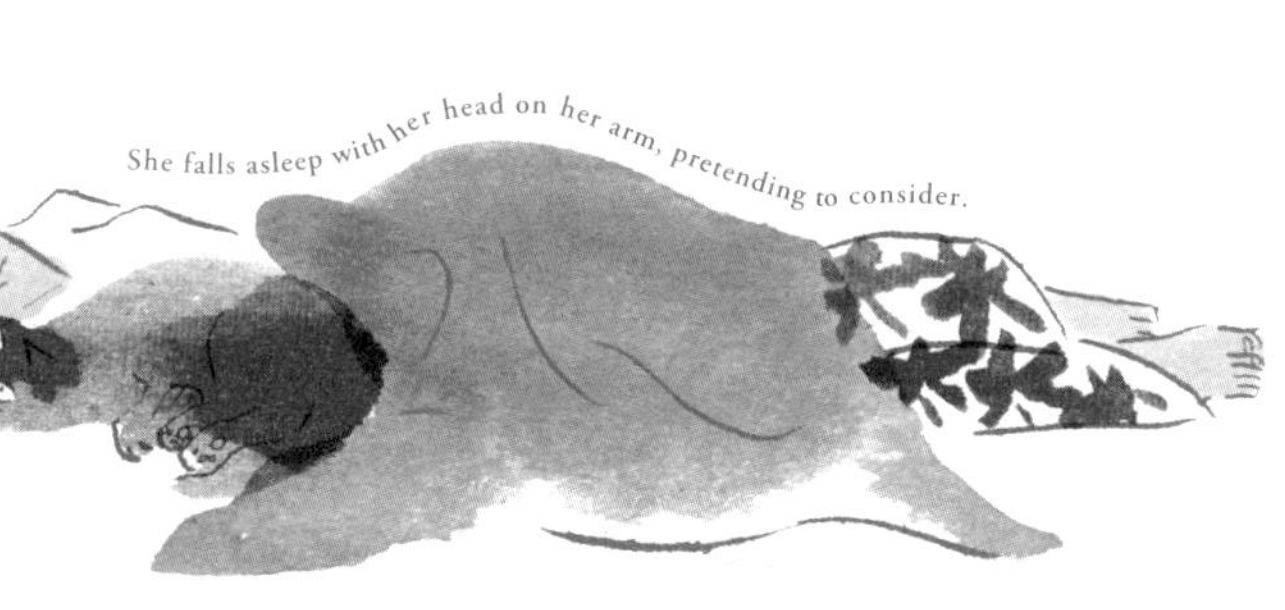

しとねにつく

［褥につく］ to go to bed

1 「褥」は布団や座ったりする敷物の古風な言い方。布団に入って休むこと。

> 夫人、獅子頭に会釈しつつ、座に、褥(しとね)に着く。脇息(きょうそく)。侍女たちかしずく。
>
> （泉鏡花「天守物語」）

＊まくらにつく

［枕につく］

枕に頭を置いて、眠りにつくこと。類義語に「床につく」など。

まどろむ

［微睡む］ to doze off

1 短い時間、眠りを取ること。

真夜中になってからやっとそれが衰え出すように見えたので、私は思わずほっとしながら少し微睡（まどろ）みかけたが、突然、隣室で病人がそれまで無理に抑えつけていたような神経的な咳を二つ三つ強くしたので、ふいと目を覚ました。

（堀辰雄「風立ちぬ」）

うつらうつら

to keep dozing off

1 気づかぬうちに、浅く眠りかけている様子。類義語に「うとうと」など。

お母さまはお床の上に起き直るお元気もなくなったようで、いつもうつらうつらしていらして、もうおからだをすっかり附添いの看護婦さんにまかせて、そうして、お食事は、もうほとんど喉（のど）をとおらない様子であった。

（太宰治「斜陽」）

まんじりともしない

not to sleep a wink

1 「まんじり」は大きく目を見開いた状態で、少しも眠らないこと。心配ごとなどがあって、一睡もしないこと。

私は黙ったまま、ベッドの縁に腰をかけた。「そこにいて頂戴」病人はいつもに似ず、気弱そうに、私にそう言った。私達はそうしたまままんじりともしないでその夜を明かした。

（堀辰雄「風立ちぬ」）

＊いぎたない［寝汚い］

「まんじりともしない」の反対の状態。眠り込んでいて、なかなか起きない様子。寝ている姿がだらしないこと。寝ぼけた様子のこと。

かいがいしい

［甲斐甲斐しい］brisk and efficient

1 すべき仕事を手を抜かず、健げに行っている様子。きびきびと動く態度のこと。

> 耳に挟んだ筆をとると、さらさらと帖面の上を走らせ、やがて、それを口にくわえて算盤を弾くその姿がいかにも甲斐甲斐しく見えた。ふと視線が合うと、蝶子は耳の附根まで真赧になったが、柳吉は素知らぬ顔で――。（織田作之助「夫婦善哉」）

映画「たそがれ清兵衛」に、甲斐甲斐しさがにじむシーンがあります。やもめの清兵衛が果たし合いに行く前に、幼馴染の女性がさっと襷がけをして、清兵衛の髪を直し、身仕度を整える。きびきび無駄のない動きの中に愛情のあるふるまいが印象的です。

＊まめまめしい

「まめわざ」は日常の用事のこと。労を惜しまない実直な様子。怠けることなく働く態度のこと。

みをやつす

［身をやつす］to disguise oneself / to devote oneself

1 わざわざ見すぼらしく姿を変えること。

2 なりふり構わずに、熱中している様子。

> 父母からそむき去り墨染めの衣に身をやつしてもひたすら道を急ぐあの哀れむべき発心者のように見られたいと願った。（島崎藤村「桜の実の熟する時」）

＊みぜわしい［身忙しい］

多忙な身であること。ゆとりがない様子のこと。

まごまごする be disorientated

1 どう対応したら良いか、どこへ行ったら良いか、判断ができなくて、迷ってうろうろしている態度を表わす。

> 退屈しているところへ、遅れて来た女学生が一人あって、椅子が無いのでまごまごしていた。（森鷗外「青年」）

きりきりまい

［きりきり舞い］ head spinning

1 目が回りそうに忙しく動いている様子のこと。

蝶子は柳吉が船のなかで食べたいという出雲屋（いずもや）のまむしの折詰を買いに走り、きりきり舞いの慌し（あわただ）さだった。
（織田作之助「続 夫婦善哉」）

＊てんやわんや

慌てて騒々しく動き回るなど、冷静に対応する余裕のない様子のこと。

＊てんてこまい ［天手古舞い］

「てんてこ」は里神楽（さとかぐら）などの太鼓の音のこと。目の前の用に追われ、考える暇もないほど忙しく動き回る様子。

忙しいときほど仕事の波が押し寄せてくるもの。きりきり舞いやてんてこ舞いは、「舞う」とつく言葉から楽しげにも感じますが、実際にはアレやってコレやってと、くるくる息つく暇もないほどのこと。そんな忙しさを乗り切るには、テンポの良さが必要ですね。

てんてこ、きりきり。舞うように働けば猫も犬も手を借してくれる?!

取り組みことば

＊こころづくし［心尽くし］

相手のことを思いやって、心を込めてすること。

> しげは自分のではなくて、娘の床を取らせておいてくれたのだ。なんでもないようなことなのだが、千重子は母の心づくしを感じた。
>
> （川端康成「古都」）

＊しまつする［始末する］

無駄がないように使って、倹約すること。

ケチと始末は異なるもの。

＊すいこうをかさねる［推敲を重ねる］

文章を何度も練り直すこと。

＊ゆうをこす［勇を鼓す］

勇気を奮い立たせること。

> 節子はドアを薄目にあけた。向うに喋（しゃべ）っている良人のひろい背中が見える。そこまで声は届きそうにない。いずれにせよ、これは良人の助力を仰ぐべき事柄（ことがら）ではない。節子は勇を鼓して部屋に入った。
>
> （三島由紀夫「美徳のよろめき」）

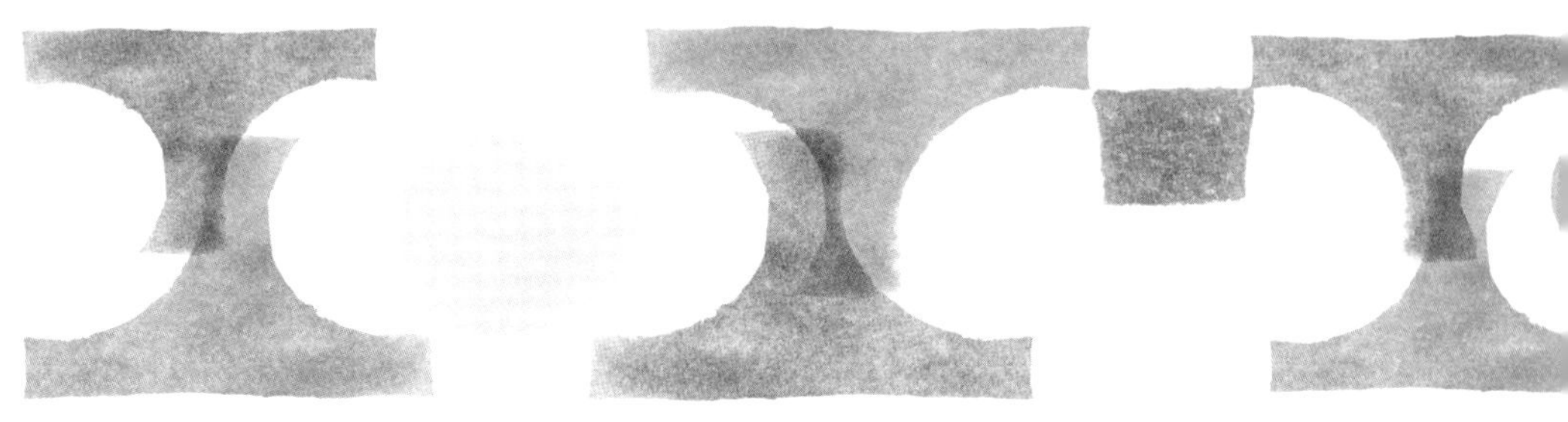

＊げんちをとる

［言質を取る］

約束ごとなどで、後の証拠となるような言葉をしっかり取ること。

＊さいはいをふる

［采配を振る］

自らが先頭に立って、仕事に当たり、まわりの人にあれこれと指図をすること。「采配を執る」も同意。

＊かいとうらんまをたつ

［快刀乱麻を断つ］

難題や事件を鮮やかに解決すること。

＊きもをすえる

［胆を据える］

覚悟を決めること。類義語に「度胸を据える」など。

果が無いから胆を据えた、固より引返す分ではない。旧の処にはやっぱり丈足らずの骸がある。

（泉鏡花「高野聖」）

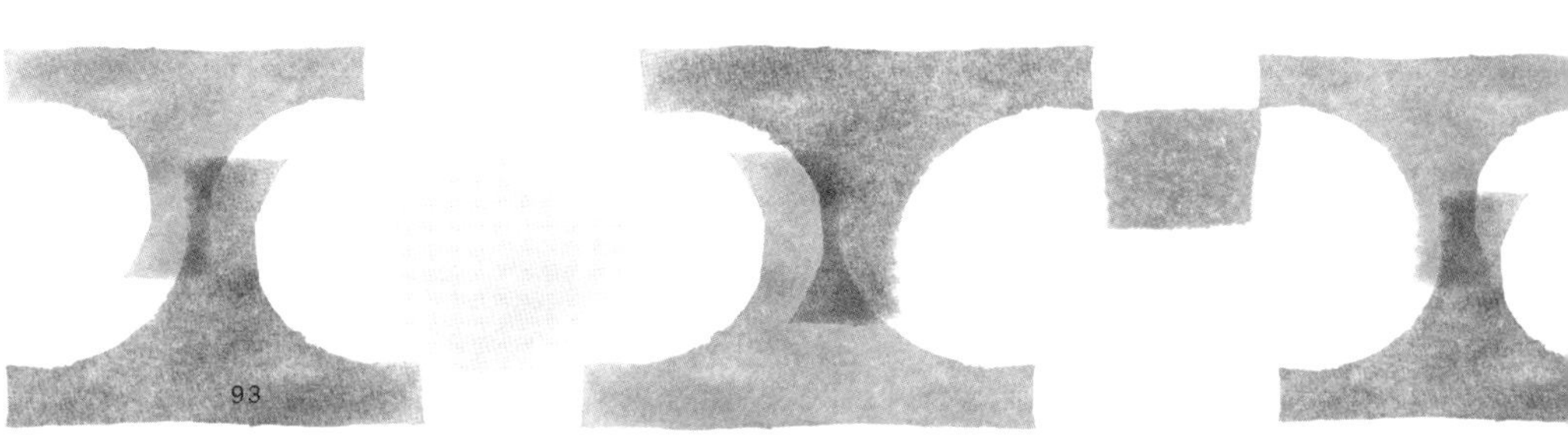

お金・精算ことば

＊かんじょうをする

［勘定をする］

金額を数えること、
計算すること。
代金を支払うこと。

「朝日」と「毎日」とへ行って五十圓ずつ前借(ぜんしゃく)して、宿屋へ歸って來るなり、勘定をして貰った。
（小島政二郎「食いしん坊」）

＊おあいそをする

［お愛想をする］

飲食店などで
レシートを渡すときや、
精算をするときに添える言葉。

＊ふところかんじょうする

［懐勘定する］

自由に使えるお金を
心の中で計算すること。
ずさんなお金の使い方のこと。

＊みみをそろえる

［耳を揃える］

金額を不足なくきちんと揃えること。

＊みぜにをきる

［身銭を切る］

会社や他者のために、
自分のお金を使って支払うこと。

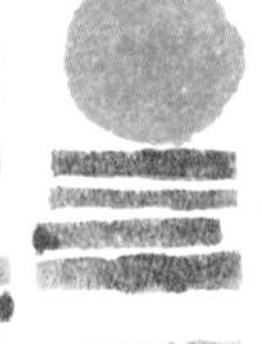
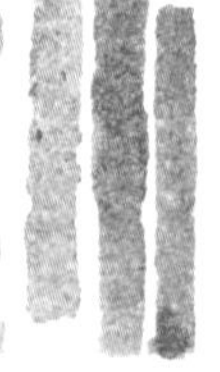

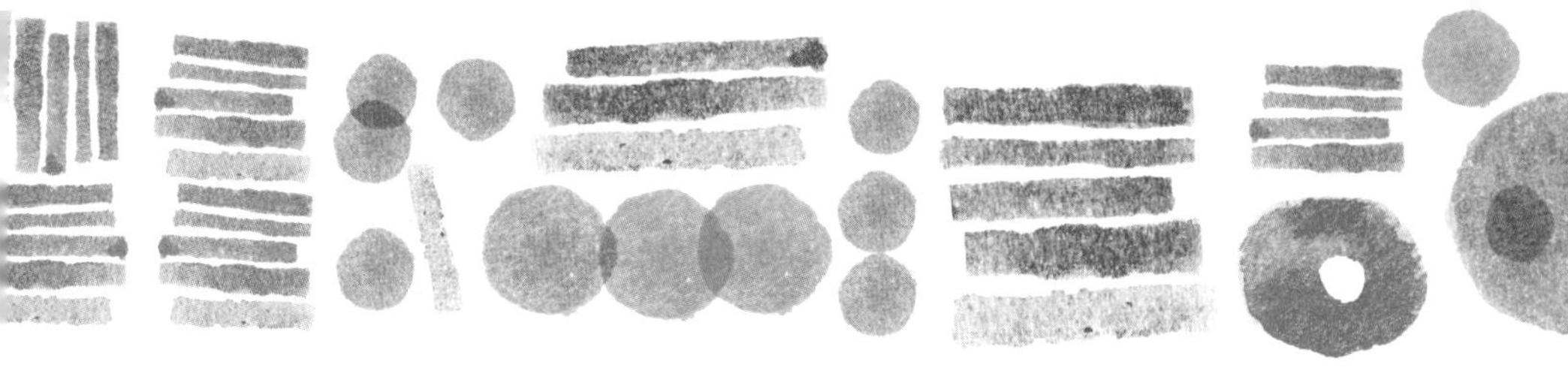

＊はぶりがよい

［羽振りが良い］

経済力や権力を得て、社会的に認められ、威勢のいい様子のこと。

少し羽振りがよくなるとすぐに物に飽きるから困る――。

（島崎藤村「破戒」）

＊ぼうびきにする

［棒引きにする］

お金の貸し借りがなくなったものとすること。代金を払った印として、墨で縦線を引いたことからの言い方。

＊うわまえをはねる

［上前をはねる］

相手に渡すべきお金や品物の一部を、黙って自分のものにすること。

＊ひだりまえになる

［左前になる］

経済的に苦しくなること。家業が傾くこと。

職人は損だよ、お前。金儲けなら商人（あきんど）だ。それは家のように左前になった店（たな）で育ってみれば商人に愛想をつかすのも分らないじゃあない。

（有吉佐和子「真砂屋お峰」）

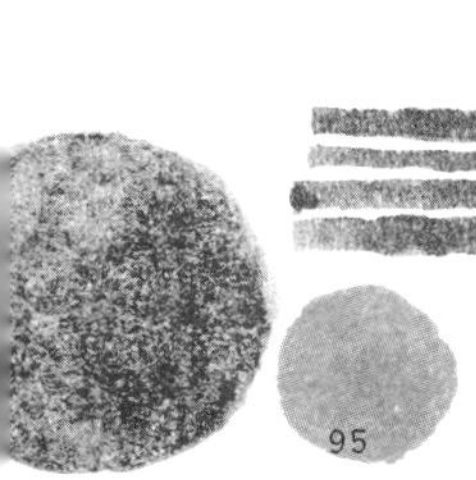

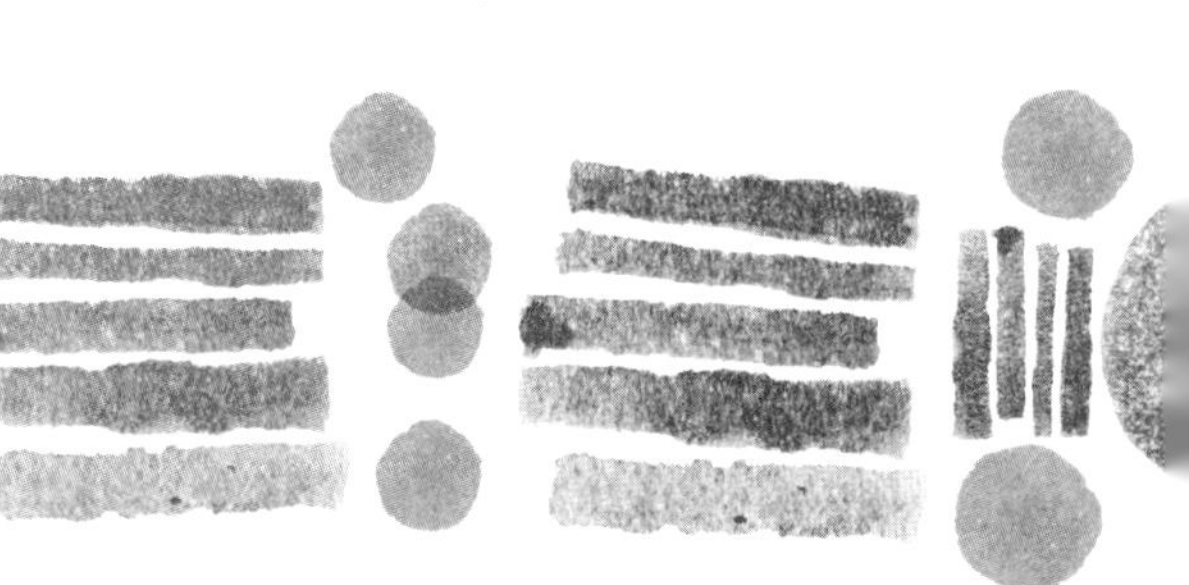

あせをぬぐう

［汗をぬぐう］ to wipe the sweat

1 「ぬぐう」は汚れや水分を拭き取ること。「汗を拭く」と同じ。

〈汗をぬぐうハンカチ使い〉

髪の生え際やこめかみ、首筋などをハンカチで、トントンと押さえるように。手を交差させて汗をぬぐうと女性らしさを醸す効果も。

「汗をぬぐう」はごく日常のしぐさですが、そのふるまい方で印象はがらり。おしぼりでガシガシと顔や首の汗をぬぐう粗雑さと、きれいにアイロンのかかったハンカチでそっと汗を押さえるように拭う上品さは、真逆の印象ではないでしょうか。

> 生憎(あいにく)と風がはたと途絶えてしまったので周囲を密閉した苫船の暑さは蒸されるようです。姫は汗を袂(たもと)で拭(ぬぐ)いながら言いました。「あたくし、久しく行水しないから、この綺麗(きれい)な水へ入って汗を流したいのよ。」
>
> （岡本かの子「鯉魚」）

＊あかをおとす

［垢を落とす］

体についた汗や脂などの汚れを、風呂などに入って洗ったり、手拭いで拭いたりして清めること。

みずをむすぶ

［水を掬ぶ］ to scoop up water with one's hands

1 水を飲むために、手で水をすくう動作のこと。

平安時代の古今和歌集にも「むすびし水の～」「むすぶ手の滴に濁る～」などと、人との縁と水を掬ぶしぐさを重ねた言い方も。水をすくうでもなく「水を掬ぶ」と、想いと重ねた詩的な言葉は、現代でも素敵に感じます。

女房は連りに心急いて、納戸に並んだ台所口に片膝つきつゝ、飯櫃を引寄せて、及腰に手桶から水を結び、効々しう、嬰児を腕に抱いたまゝ、手元も上の空で覚束なく、三ツばかり握飯。

（泉鏡花「海異記」）

両手を合わせ、手中の水をこぼさぬように大事に口へ運んで。
清らかな湧水などは手で水を掬ぶと、美味がより増します。

うっちゃる

［打遣る］ to throw something away

1 投げ捨てること。「打ち遣る」の口語的な言い方。すべき事柄を手をつけずに、そのまま放っておくこと。類義語に「放ったらかす」「ほっぽらかす」など。

2 相撲で土俵際に寄ってきた相手を土俵外に出すこと。最後の最後で逆転すること。

私はてんでもうそんなものを取り上げて見ようという気持すらなくなってしまったのだ。で、私は仕事の方はそのまま打棄（うっちゃ）らかして、毎日のように散歩ばかりしていた。

（堀辰雄「美しい村」）

年の瀬は大掃除や買い出しやら、何かと忙しい。気ばかりせいて、手をつけられず結局そのままにしていることも数多く……。年が明けたら、暖かくなったら、お休みになったら、とうっちゃっているのが毎年のパターン。うっちゃったツケはいつ払っているのでしょうか。

てぐすねをひく

［手ぐすねを引く］ to get set for something

1 「くすね」とは、弓の弦に塗って補強剤として用いられるもの。転じて何か企てをするに当たって、準備万端にして、機会を待ち構えること。

> 自分は彼等を生きながらえさせて、自分にしたと同じ奉公を光尚にさせたいと思うが、その奉公を光尚にするものは、もう幾人も出来ていて、手ぐすね引いて待っているかも知れない。自分の任用したものは、年来それぞれの職分を尽して来るうちに、人の怨（うらみ）をも買っていよう。
>
> （森鷗外「阿部一族」）

＊そんたくする［忖度する］

人が心の中で思っていることを推しはかって、動くこと。

＊ためつすがめつ［矯めつ眇めつ］

「矯める」は曲がったものを正すこと。「眇める」は片目をつぶったり細めたりして、よくよく見ること。あっちからこっちから、そのものの良さを念を入れて確かめて見る様子のこと。

たたなわる

［畳なわる］ to layer

1 幾重にも重なって連なって積み続くこと。

> お召の羽織の裾（すそ）がしっとりした jet de la（ジェエ ド ラ） draperie（ドラプリイ）をなして、純一が素早く出して薦めた座布団の上に委積（たたな）わって、その上へたっぷり一握（ひとつか）みある濃い褐色のお下げが重げに垂れている。
>
> （森鷗外「青年」）

こわきにかかえる

［小脇に抱える］ to tuck something under one's arm

1 「小」はちょっとの意。ちょっと軽いしぐさで、脇に抱えること。

太吉郎はその竹伐りを、娘に見せたいのだが、雨でためらっているところへ、秀男が風呂敷包を、小脇にかかえて、格子戸をはいって来ると、「お嬢さんの帯を、やっと織り上げてみました。」と言った。（川端康成「古都」）

冠婚葬祭の際など、小さなクラッチバッグでおしゃれをすることがあります。ちょっと腕の脇に挟み、芳名帳に記入したりビュッフェで料理を取ったりするときは一時的に「小脇に」仮持ち。セカンドバッグを持つ男性なども、レジで支払いをする場面でも「小脇に抱える」しぐさが見られます。

＊ひっかつぐ［引っ担ぐ］

軽そうにひょいと、担ぐこと。

ひしぐ

［拉ぐ］ to crush / to squash

1 強い力で押し潰すこと。または、勢いを挫くこと。

「ええ、その気で、念入りに一ツ、掴りましょうで」と我が手を握って、拉ぐように、ぐいと揉んだ。（泉鏡花「歌行燈」）

ひっくる

［引っ括る］ to tie up

1 力を入れて一つに集めてまとめること。「引き括る」とも。

昭青年が一寸でも言葉に詰まったら、いたく打ちのめし、引き括って女と一緒に寺門監督の上司へ突出そうと——。（岡本かの子「鯉魚」）

そでにしのばせる

［袖に忍ばせる］ to conceal in one's sleeves

1 袖の中に、そっと入れておくこと。
人に知られないように、
袖の内に、何かをこっそり持つこと。

着物はポケットがない代わりに袖や胸元、帯の中など、しまえるスペースがあちこちにあるのですよ。

噂が耳に入るほど余計に昭青年は用心します。隙を覗い折を見ては苦船へ通います。その度に自分が貰った菓子、果物など、食べた振りをして袖に忍ばせ、姫にそっと持って行ってやります。
（岡本かの子「鯉魚」）

洋服のときは香水をつけますが、和服のときは匂い袋を着物の袖や胸元に忍ばせます。好きな香りがふわっと香ると、気持ちが華やいだり落ち着いたりします。

＊ふところにいれる［懐に入れる］

「懐」は衣服の胸のあたりの内側のこと。
「懐にしまう」も同じ。
他人のお金を自分のものにすることをさす場合も。

まねたい和しぐさ撰

後ろ衿から入る
冷気に首をすくめつつ
前傾の姿勢で

右手は袂の中に
入れて傘を持って

左手で裾を高く上げて
長い裾を引き上げる

お手本の美姿
『雪中美人図』
上村松園画（昭和21年）

雪降る中を歩く際の美しいしぐさ。着物やロングスカートなど裾の長い衣服のときは、傘などの小物づかい、袂や袖、裾あしらいで魅せましょう。傘を持つ手と裾を持つ手をクロスするようにすると、たおやかな雰囲気になります。

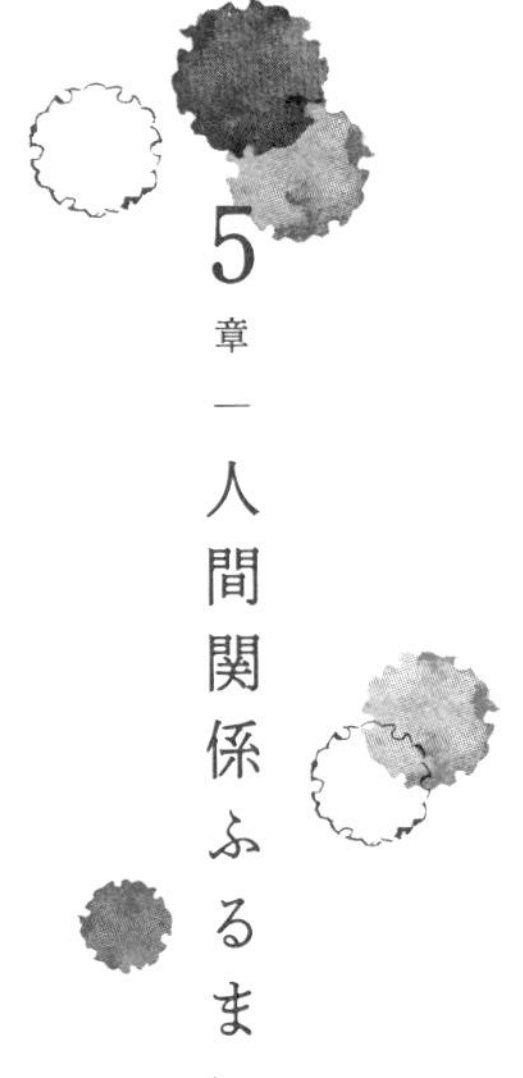

5章 — 人間関係ふるまい

雪輪

雪の結晶の形から生まれた図案。雪は春の豊かな雪解け水を表わすことから豊作をもたらす吉祥文様とされる。

いずまいをなおす ［居住まいを直す］ to sit up

1 「居住まい」とは座った姿勢のこと。
居住まいを直すのは、あらためてきちんと座り直して、姿勢を正すこと。
「居住まいを正す」の言い方もある。

> 直木と誠太郎がたった二人で、白砂糖を振り掛けた苺を食っていた。「やあ、御馳走だな」と云うと、直木は、すぐ居ずまいを直して、挨拶をした。誠太郎は唇の縁を濡らしたまま、突然、「叔父さん、奥さんは何時貰うんですか」と聞いた。
> （夏目漱石「それから」）

＊おりめをただす ［折り目を正す］

礼儀作法がきちんとしていること。

えりをただす ［衿を正す］ to straighten up

1 衣服の乱れを整えること。
2 気持ちを引き締めること。

> どだいそんな、傑作意識が、ケチくさいというんだ。小説を読んで襟を正すなんて、狂人の所作である。そんなら、いっそ、羽織袴でせにゃなるまい。よい作品ほど、取り澄ましていないように見えるのだがなあ。
> （太宰治「斜陽」）

装いを整えることから、気持ちも清々しく前向きになれると思います。新しいことを始めるとき、何か変化を求めるときも、まず衿を正し、身のまわりを整えて行動を起こしてみてください。

居住まいを直した姿で願えば、きっと心に届きます。ゴハンおかわりください！

しゃちこばる

［鯱張る］ be stiff and formal

1 緊張してかたくなっている状態。
自分の権威を落とさぬように、失敗しないように構えている様子のこと。
「しゃっちょこばる」「しゃちばる」などの言い方もある。

> ぜんたい私ははにかみ屋のせいか、小説家と云うことが分って先生扱いをされたりすると、何だかキマリが悪くなって鯱硬張(しゃちこば)ってしまう癖があるので――。
>
> （谷崎潤一郎「旅のいろいろ」）

年齢や経験を積むほど立場を意識して、ここで失敗できないぞ、などと身構え、まわりの目を気にして見栄を張ってしまうことも。いつも自然体でいられるといいけれど、つい鯱張ってしまいます。

*しかくばる

［四角張る］

真面目な態度を取って、堅苦しくなる様子のこと。

*ものものしい

［物物しい］

大げさな感じを与えるふるまい。
言動や表情から、威圧感を感じさせる様子のこと。

〈面接や試験で、緊張に飲まれないコツ〉

- 睡眠と栄養をしっかり取って、体調を整え、目力と覇気をたくわえる。
- 顔や体のストレッチをして、筋肉をほぐし、表情豊かにしゃべれるように。
- 「大丈夫、絶対うまくいく」と自分を信じて！

みつゆびをつく

［三つ指をつく］ to make a respectful bow

1 親指・人差し指・中指の3本の指をついてお辞儀をする、丁寧なお辞儀の仕方。

2 丁寧にゲストを迎えるときの意にも用いられる。

お背中を敲きましょう、な、どうぞな、お肩を揉まして下さいまし。それなら一生懸命にきっと精を出します」と惜気もなく、前髪を畳につくまで平伏した。三指づきの折りかがみが、こんな中でも、打上る。

（泉鏡花「歌行燈」）

凛とした姿で迎える相手へ、心を込めてする挨拶は、優雅で敬いの心も感じられます。礼儀の所作は、いきなりやってもぎこちなくなりがち。何度か練習しておくと、一連の所作が流れるようにできるようになります。

〈美しい三つ指のつき方〉

い　姿勢を正す（背筋を伸ばして胸を張る）。

ろ　膝の前で、指先を八の字をつくるように揃えて。

ざにつく［座につく］to take one's seat

1 「座」は人の座る場所のこと。
または権威、社会的な地位に
つくことをさす場合もある。

出むかえる侍女ら、皆ひれ伏す。

亀姫　お許し。

しとやかに通り座につく。唯(と)、夫人と面(おもて)を合すとともに、双方よりひたと褥(しとね)の膝を寄す。

（泉鏡花「天守物語」）

＊ひれふす［ひれ伏す］
座ったまま（拝むように）体を地面につけるように平たくなって、礼をすること。類義語は「平伏する」「額(ぬか)ずく」など。

＊ちんとすわる［ちんと座る］
「ちんと」は落ち着き払った態度のこと。取り澄まして座っている様子。

は（礼をする相手を見て）挨拶の言葉を交わして、頭を下げる。頭を上げるときは、ゆっくりと。

もくれいする

［目礼する］ to meet someone's eyes in greeting

1 「目礼」は、体や頭を下げたりせずに、目の表情だけで会釈すること。「目礼を交わす」「目礼を返す」などの言い方もある。

> 坊さんがこちらを見た。反射的にるつ子は目礼し、坊さんは合掌の手を解(ほど)いて目礼を返した。
> （幸田文「きもの」）

距離があった場合や言葉を交わさないときに、ちょっと口角を上げて、目に微笑みがあると感じの良い目礼になります。

＊**えしゃくする**［会釈する］

相手への挨拶として、軽く頭を下げること。また、相手の気持ちをくみ取るときのふるまい。

＊**おめもじする**［お目もじする］

「お目にかかる」と同義で、会うこと。「お目もじかないましてうれしゅうございます」と言った謙譲の言い方にも用いる。

うやうやしくささげる

［恭しく捧げる］ to give humbly

1 相手を敬う気持ちで、礼儀正しく物などをさし出すこと。

> 萬屋茂兵衛が紋付袴の正装で、玄関で咳払いしてから威儀を正して上ってきた。白木の三宝に袱紗を掛けてある。恭々しく捧げながら、「今日はお日柄もまことによろしく、真砂屋、石屋御両家結納の儀めでたくお納め下されまするよう、萬屋茂兵衛千秋万歳を寿ぎまつります」
> （有吉佐和子「真砂屋お峰」）

訪問のやりとりことば

＊ごめんください［御免下さい］

訪いの声かけの言葉。
訪問時に案内を乞う言葉。
「御免あそばせ」は辞去の際にも用いる。

＊ようこそ、おはこびくださいました

［ようこそ、お運びくださいました］
「お運び」は「足を運ぶ」の意。
来客への感謝と労いを伝える言葉。

＊おあがりください［お上がりください］

「上がる」は、座敷など室内へ入ること。
訪問を受けた際に、客を家に招き入れるときの言葉。

＊こころばかりのものですが

［心ばかりの物ですが］
お土産のお菓子などを渡すときに添える言葉。

＊おいとまします

［お暇します］
帰ることを相手に告げる挨拶の言葉。
「そろそろお暇します」
「すぐにお暇しますので、
どうぞお構いなく」なども用いる。

〈他家訪問の心がけ〉

・なるべく靴下を履いて行きましょう。
→ 足裏がペタペタとするので裸足は避けて。

・玄関先でコートを脱いでおきましょう。
→ 室内でのコートの着脱はもたつきがち。

・お土産のお菓子は手提げ袋から出して渡して。
→ 紙袋ごと渡すとかさばって受け取りづらい。

るるとのべる

［縷々と述べる］ to speak at length about something

1 内容をこまごまと述べること。
2 細く長く、途切れなく続く様子。

「あなたはいいわ。あなたは自由だわ。あなたは何もお困りになることはないわ」――それが節子のリフレインをなした。彼女は縷々(るる)と述べた。ほとんど自分が死の寸前まで行ったこと。人の力の限りをつくして闘ったこと。

（三島由紀夫「美徳のよろめき」）

＊たていたにみず［立板に水］

立てかけた板に水を流したときのように、すらすらとよどみなく話すことの例え。

＊ごたくをならべる［御託を並べる］

「御託」とは、くどくど勝手な言い分を言うこと。

流暢に話す司会者や講演者の話を聞いていると、喋り口調もなめらかに途切れることがなく、聞き手が話に集中しやすくなるのだと思います。

かきくどく

［掻き口説く］ to badger

1 「口説く」を強めた言い方。自分の意見を相手が聞き入れるように、繰り返し説得すること。

> 鰥夫(やもめ)暮しのどんな侘(わび)しいときでも、苦しいときでも、柳の葉に尾鰭(おひれ)の生えたようなあの小魚は、妙にわしに食いもの以上の馴染(なじみ)になってしまった」老人は掻(か)き口説くようにいろいろのことを前後なく喋(しゃべ)り出した。
>
> （岡本かの子「家霊」）

＊かんでふくめる

［噛んで含める］

（食べ物をよく噛んで子どもに含ませるように）わかりやすく言って聞かせること。

ようかいしない

［容喙しない］ not to stick one's nose into…

1 「容喙」とは、喙(くちばし)を容(い)れること。横から余計な口出しをすること。類義語に「茶々を入れる」「話の腰を折る」など。

> 書くことは、第一流と云われる二三人の作の批評だけであって、その他の事には殆(ほとん)ど全く容喙(ようかい)しないことになっている。大石自身はその二三人の中(うち)の一人なのである。
>
> （森鷗外「青年」）

つぎほがない

［接穂がない］ be unable to keep the ball rolling

1 途切れた話を続ける手立てがないこと。「話の接穂を失う」とも用いる。

> 叱(しか)られたほうがましなくらいの、接穂(つぎほ)なさだった。
>
> （幸田文「きもの」）

おちゃをにごす

［お茶を濁す］ to throw up a smoke screen

1 いい加減な話をしたりあいまいな態度を取って、その場をごまかすこと。類義語に「煙に巻く」など。

> いっその事彼に自分の手柄話をしゃべらして御茶を濁すに若(し)くはないと思案を定めた。（夏目漱石「吾輩は猫である」）

しゅこうする［首肯する］to give a nod

1 賛同をして、うなずくこと。

この「女という自然」は慥（たしか）に安に於いて見出すことが出来ると瀬戸に注意せられて、純一も首肯せざるを得なかった。（森鷗外「青年」）

＊あいづちをうつ［相槌を打つ］

相手の話の合間に、うなずいたり短い言葉で調子を合わせたりすること。

＊はなしのあどをうつ［話のあどを打つ］

相手の話に調子を合わせて応答すること。

〈感じのいい相槌〉

・会話を弾ませる相槌
「（うなずきながら）確かに！そうですね」「わあ、すごいですね」。

・自分とは違うけれど理解する相槌
「なるほど、そういう考えもありますね」「興味深いです」。

・話を切り上げる相槌
「時間が足りなくて残念。また改めて聞かせてください」。

めまぜする［目交ぜする］to signal with one's eyes

1 目の表情で気持ちを伝えたり、目つきで何かを知らせたりすること。類義語に「目配せする」など。

並び終えても動かない料理教師の姿に少し不安になった。自分よりは教師に容易（たやす）く口の利（き）ける妹に、用意万端整ったことを教師に告げよと、目まぜをする。妹は知らん顔をしている。（岡本かの子「食魔」）

ひと休みしようとお店に入ったら混んでいる！店内を見渡して、空席を見つけたら「ここ、ここ空いてるよ」と目でその席を友人に知らせる。大声を出さずに目だけで伝えるとスマートです。

せきばらい［咳ばらい］to clear one's throat for attention

1 人の注意を引いたり、存在を知らせるために、わざと「エヘン」「コホン」など声を出して咳をすること。

> こう考えた平中は、局の口へ窺いよると、銀を張った扇を鳴らしながら、案内を請うように咳ばらいをした。すると十五六の女の童が、すぐに其処へ姿を見せた。（芥川龍之介「好色」）

しこ［指呼］to beckon

1 指をさして呼ぶこと。

類義語の「手招き」は手を振って呼ぶこと。「指呼の間」とは、呼べば答えるほど近いこと。

> 物蔭の電燈に写し出されている土塀、暗と一つになっているその陰影。観念もまた其処で立体的な形をとっていた。喬は彼の心の風景を其処に指呼することが出来る、と思った。（梶井基次郎「ある心の風景」）

あごでさしずする［顎で指図する］to boss somebody around

1 顎を使って（言葉を出さずに）人を動かすこと。「顎で使う」は偉そうな態度で人を使う様子。

> 「お気の毒さまですが、もう看板だったので」と言いかけるのを、年長の出前持はぐっと睨めて顎で指図をする。（岡本かの子「家霊」）

忙しいときや、両手がふさがっている状態などで、家族に「それ取って」なんて顎で示して頼むことも。でも、親しき仲にも礼儀あり。「申し訳ないけど」のひと言を添えるように心がけて。

はやしたてる［囃し立てる］to cheer / jeer

1 声を揃え、盛んにひやかすこと。

「かつどうや」「活動や、活動やあ」と二三人の女の子がはやした。「ううん」と勝子は首をふって『ヨ』ちっとこへ行くの」とまたやっている。（梶井基次郎「城のある町にて」）

＊ちゃちゃをいれる［茶々を入れる］

横から話に割り込み、勝手なことを言う様子。冷やかすなど、ふざけて邪魔をすること。

＊かまびすしい［喧しい］

「やかましい」の古風な表現。騒がしいこと。

たんかをきる［たんかを切る］to make a cutting retort

1 喧嘩や争いなどで、歯切れのいい言葉を投げつける調子で、相手をやっつける。威勢のいい言葉。

いくら江戸っ子でも、どれほどたんかを切っても、この渾然（こんぜん）として駘蕩（たいとう）たる天地の大気象には叶（かな）わない――。（夏目漱石「草枕」）

ふっかける［吹っ掛ける］to pick a fight

1 「吹き掛ける」が変化したもの。戦いや喧嘩などをしかけること。

2 相手が買うと思われるとき、駆け引きで値段をとびきり高値で言うときなどにも用いられる。

金の価値がいきいきしたものに映るのである。かけひきが強いとか、あざとい吹っかけとかには思えない。（幸田文「流れる」）

＊こわだか［声高］

感情の高ぶりから、声を高く張り上げる様子。

しわがれごえ

［嗄れ声］a gruff voice

1 風邪や歌い過ぎで喉の調子を崩し、なめらかさがなく、かすれた声を出す様子。「しゃがれ声」とも。

「そこで、逃げ場をさがす気で、急いで戸口の方へ引返そうと致しますと、誰だか、皮匣の後から、しわがれた声で呼びとめました。何しろ、人はいないとばかり思っていた所でございますから、驚いたの驚かないのじゃございませぬ。

（芥川龍之介「運」）

＊とんきょうなこえ

［頓狂な声］

唐突に調子はずれな声を出す様子。

＊かなきりこえ

［金切り声］

きりきりと金属を切るような、甲高い声を出す様子。

ねこなでごえ

［猫撫で声］a purring voice

1 相手の機嫌を取るように、優しさを装ったような声を出す様子。

「だけれども断ったんだか、断らないんだか分らないのは厄介（やっかい）ですね」「厄介だよ。あの女にかかると今までも随分厄介な事が大分あった。猫撫声（ねこなでごえ）で長ったらしくって──私（わし）ゃ嫌（きらい）だ。

（夏目漱石「虞美人草」）

そっぽをむく

1

［そっぽを向く］ to turn one's back on

関わりをもたない様子で、こちらの意向を無視する態度を取ること。

そういう姉妹喧嘩のとき、父親もはっきりしない態度だった。あきれるねえ、今から顔の沙汰(さた)だ、とそっぽをむいて、誰がいい誰が悪いのきまりはつけない。そこへいくとおばあさんはときどき、はっきりと子供達をしめあげた。

（幸田文「きもの」）

*しりめにかける

［尻目に掛ける］

顔を向けずに無視するような態度で、目の端でちょっと見ること。

だだをこねる

1

［駄々を捏ねる］ to throw a tantrum

わがままを言い張って、逆らい困らせたりする態度のこと。

「十五銭で接吻しておくれよ！」と、酒場で駄々をこねたのも胸に残っている。男と云(い)う男はみんなくだらないじゃあないの！

（林芙美子「放浪記」）

めもくれない ［目もくれない］ to pay no attention

1 まったく問題にしないこと。
関心を示さずに無視をする様子のこと。

> すると甥は早くも身支度（みじたく）を整えたものと見えて、太刀の目釘（めくぎ）を叮嚀（ていねい）に潤（しめ）しますと、まるで私には目もくれず、そっと河原蓬を踏み分けながら――。（芥川龍之介「邪宗門」）

意見が違っても喧嘩しても、お互い言いたいことを伝え合えていれば、まだ縁がつながっているもの。関心がなくなり目もくれなくなったとしたら、寂しき関係かもしれません。

＊いっこだにしない ［一顧だにしない］

「一顧」はちょっと振り返って見ることで、少しも目を留めて見ることをしない状態。

＊しがにもかけない ［歯牙にもかけない］

相手を下に見て、まったく問題にしないこと。

くちをつぐむ ［口を噤む］ to hold one's tongue

1 （何か発言すべき立場であっても）
思惑があったり勇気がなかったりで、
意見を言わずに、黙ったままでいること。

> 親戚の者たちは、おまえの本を読んで、どんなことを、と言いかけ、ふっと口を噤（つぐ）んで顔を伏せたきりだったけれど、私には、すべての情勢が、ありありと判った。もう死ぬまで一冊も、郷里の者へ、本を送らぬつもりである。（太宰治「善蔵を思う」）

言いたいことがあるのに、ぐっと我慢して口を閉じて黙ってしまう。反論したい、言い訳したい、秘めた想いを告白したい。でも今はできない、と言葉を飲み込んだ口元は、ぎゅっと強く結ばれていると思います。

＊うんともすんとも

まったく返事をしない様子のこと。
「うんともすんとも言わない」とも。

くらわす［食らわす］ to sock someone

1 なぐること。
「一発くらわす」は、（意表を突いて）強い一撃を相手に与えること。

> 親仁は少年の傍へにじり寄って、鉄梃を
> みたような拳で、背中をどんとくらわし
> た、白痴の腹はだぶりとして――。
> （泉鏡花「高野聖」）

ひっぱたく to slap strongly

1 強くたたくこと。

> 土釜を七輪に掛けて、机の上に茶碗と箸
> を並べると、つくづく人生とはこんなも
> のだったのかと思った。ごたごた文句を
> 言っている人間の横ッ面をひっぱたいて
> やりたいと思う。
> （林芙美子「放浪記」）

＊きったはった［切った張った］

勢いよく、打ったり蹴ったりすること。
また、物に強く当たる様子。

＊どやす

なぐること。どなりつける。
脅かしで軽く打つこと。

＊はがいじめ［羽交い締め］

相手の後ろから、両脇の下に腕を通して、首のあたりで強く締めつけること。

いきりたつ［熱り立つ］to fly into a rage

1 無礼なことや理不尽なことに対して憤慨している様子。感情がたかぶって、自分の行動を制御できなくなる様子。

膝の灰をぽんぽんぽんと叩いて、楽譜をゆっくりしまいかけた。いきり立ちでもするかと思った期待を外された義母の態度にみち子はつまらないという顔をして――。（岡本かの子「老妓抄」）

＊あがく

体を縛られたり押さえられたりした状態で、自由になろうとして体を動かすこと。類義語は「もがく」など。無用の努力をする意味で用いることも。

じたんだをふむ［地団駄を踏む］to stamp in annoyance

1 悔しさから足を激しく踏み鳴らすこと。

無闇矢鱈に御機嫌とっているうちに、ここに意外の現象が現われた。私は、犬に好かれてしまったのである。尾を振って、ぞろぞろ後について来る。私は、地団駄踏んだ。実に皮肉である。（太宰治「畜犬談」）

〈地団駄の力加減って？〉

左右の足でドンドンドンと床が鳴るほど踏みならす。または片方の足で地面をダンダンと叩きつけるように。悔しさや憤りの強さをすべて足に伝える。どのような場面で実演するかはご想像にて。

しなをつくる［科をつくる］ to be flirtatious

1 相手に媚びるような様子で、なまめかしく体を動かすこと。

陣場夫人は否応云わせないように、両手で幸子の手を握り締めて、子供が物をねだるような科(しな)をしながら云った。
（谷崎潤一郎「細雪」）

凛とした姿とは正反対に体幹がゆるく、なよやかなしぐさ。色っぽさのあるポーズなら、竹久夢二の美人画が参考になります。

〈夢二ポーズのコツ〉

- 曲線的に身をよじった姿勢で、逆S字を描くポーズが夢二らしい。
- 細部では、視線は伏目がちや上目づかい、指先をふぞろいに組んで。
- 衿元は詰めずに大きく開いて、帯まわりも締めつけずにゆるっと。

＊みをくねらす

［身をくねらす］

体をうねうねと曲げてくねらせる様子。

「腰をくねらす」とも用いる。

＊もじつく［捩つく］

「捩る」はよじる。体をもじつかせる。

恥ずかしさなどで、ぐずぐずとした様子。

しどけない unkempt

1 だらしなくまとった衣服の着方や、

ゆるりとした佇まいのこと。

おもに女性の様子に用いることが多い。

> 平中はとうとうくら闇の中に、じっと独り横になった、恋しい侍従を探り当てた。これは夢でも幻でもない。侍従は平中の鼻の先に、打衣一つかけたまま、しどけない姿を横たえている。彼は其処にいすくんだなり、我知らずわなわな震え出した。
>
> （芥川龍之介「好色」）

なまめかしい［艶めかしい］bewitching

1 色っぽい身のこなし方。

性的な魅力を感じさせる動き。

または、そう感じられる様子を言うことも。

類義語に「あだっぽい」など。

> 俯向いた顔を挙げてちょいと見て、羞を含んだような物の言いようをする。「ああ。持って来ておくれ」別に読みたいとも思わずに、唯女の問うに任せて答えたのである。女はやはり俯向いて、なまめかしい態度をして立って行った。
>
> （森鷗外「青年」）

こいこがれる

［恋焦がれる］ to burn with passion for...

1 恋しさに思い悩むこと。恋しくてじっとしていられない気持ちになる様子。

> 相手は地下人の武士から見れば身分違いの上臈であるにもせよ、一人前の侍が病みつくほどに恋いこがれていたものが、主人の好意でよう〳〵思いを叶(かな)えようと云う、天にも昇る――。
>
> （谷崎潤一郎「恋愛及び色情」）

＊したわしい［慕わしい］

強く心惹かれる人や物があって、いつもそばにいたい気持ちを持つ様子のこと。

＊ちみちをあげる［血道を上げる］

恋愛や道楽などに、まわりが驚くほどに熱中して夢中になる様子のこと。

＊くびったけ［首っ丈］

特定の相手にすっかり惚れ込んで夢中になること。

むねをとどろかす

［胸を轟かす］ with a pounding heart

1 平穏でいられず、心臓が激しく脈打つほど、ドキドキとしている様子。

> 彼は節子の好みに叶(かな)った青年、同じ育ちの男、……つまり彼女と同じ被害者だったのだ。この人もだわ、と節子は胸をとどろかせて考えた。
>
> （三島由紀夫「美徳のよろめき」）

こおどりする

［小躍りする］to jump for joy

1 嬉しさ、喜びから、思わず飛んだり跳ねたりすること。

「やあ、阿父(おとつ)さんが、生き返った」童部は竹馬を抛(ほう)り出すと、嬉(うれ)しそうに小躍りして、又父親の傍へ走りよりました。

（芥川龍之介「邪宗門」）

はなのしたをながくする

［鼻の下を長くする］to have a soft spot for women

1 （おもに男性が）女性に甘い様子。

「はい」と女中が向うを向く時、捻平も目をしばたたいたが、「ヤ、あの騒ぎわい」と鼻の下を長くして、土間越の隣室(となり)へ傾き、「豪(えら)いぞ、金盥(かなだらい)まで持出いたわ、人間は皆裾(すそ)が天井へ宙乗りして、畳を皿小鉢が踊るそうな。

（泉鏡花「歌行燈」）

いろめをつかう

［色目を使う］to leer at...

1 相手に気があるように見せる目つき、態度のこと。類義語に「流し目をする」など。

海老原はマダムに色目を使いながら言った。私は黙った。口をひらけば「しかしあんたには十銭芸者の話は書けまい。」と嫌味な言葉が出そうだったからだ。

（織田作之助「世相」）

気になる人に対して、目で気持ちを伝える。そんな究極のテクニックが「色目を使う」でしょうか。潤んだ瞳でジッと見つめ、瞬きでさり気なく意思表示。振り向かせたい相手がいたらぜひ色目を試してみて。目力が入り過ぎて怖がられないように、お気をつけて。

*しゅうはをおくる

［秋波を送る］

色目を使って相手の気を引くこと。「秋波」は、秋の澄み渡った水波のこと。

*おかぼれ［岡惚れ］

他人の恋人である人に惚れて、
横合いから熱中すること。
（相手の気持ちに関わりなく）
一方的に自分だけが好きになり
夢中になること。

> 庖丁（ほうちょう）を使ったり竹箸（たけばし）で天婦羅を揚げたりする手つきも鮮かである。私はその手つきを見るたびに、いかに風采が上らぬとも、この手だけで岡惚（おかぼ）れしてしまう年増（としま）女（おんな）もあるだろうと、おかしげな想像をするのだったが――。
> （織田作之助「世相」）

*かりそめのこい［仮初めの恋］

そのとき限りの、
軽い気持ちの恋のこと。

*あだこい［徒恋］

実を結ばない恋、思っても、
かなわない恋。「徒惚れ」とも。

*わりないなか［理ない仲］

深く愛し合う関係のこと。
「理ない」は、理屈では
割り切れないけれど、
そうならざるを得ないこと。

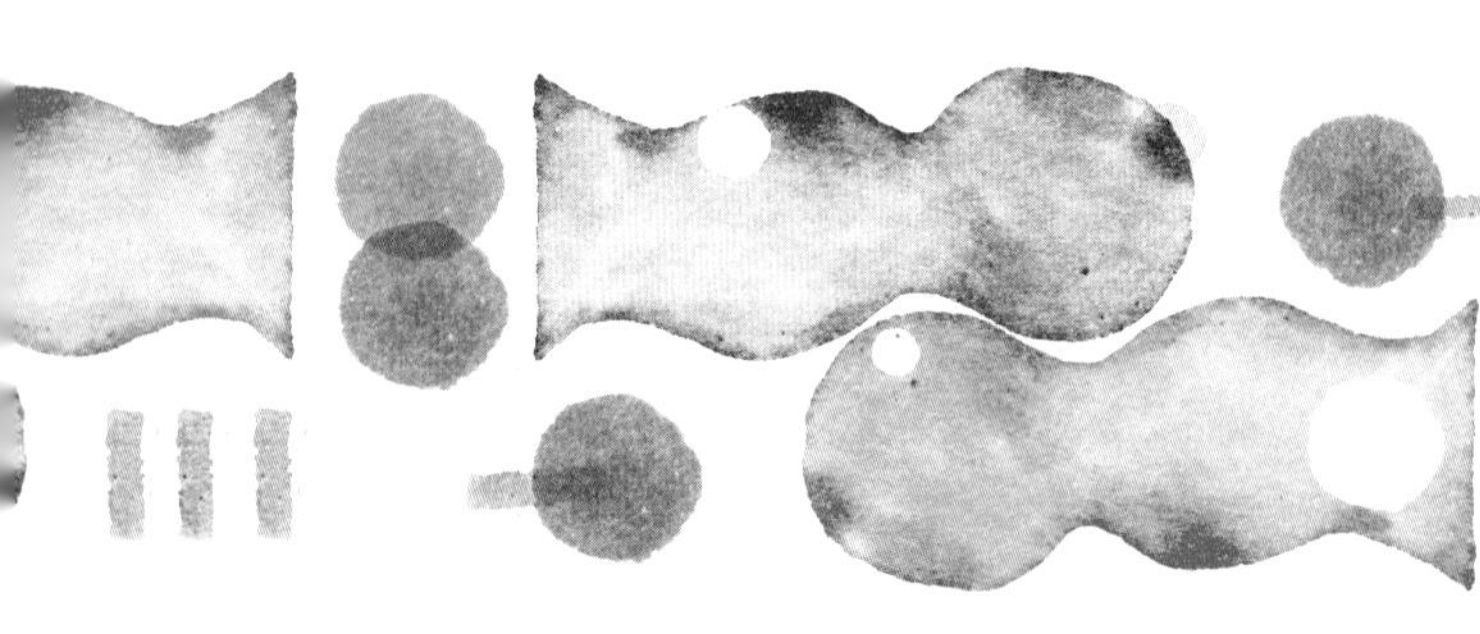

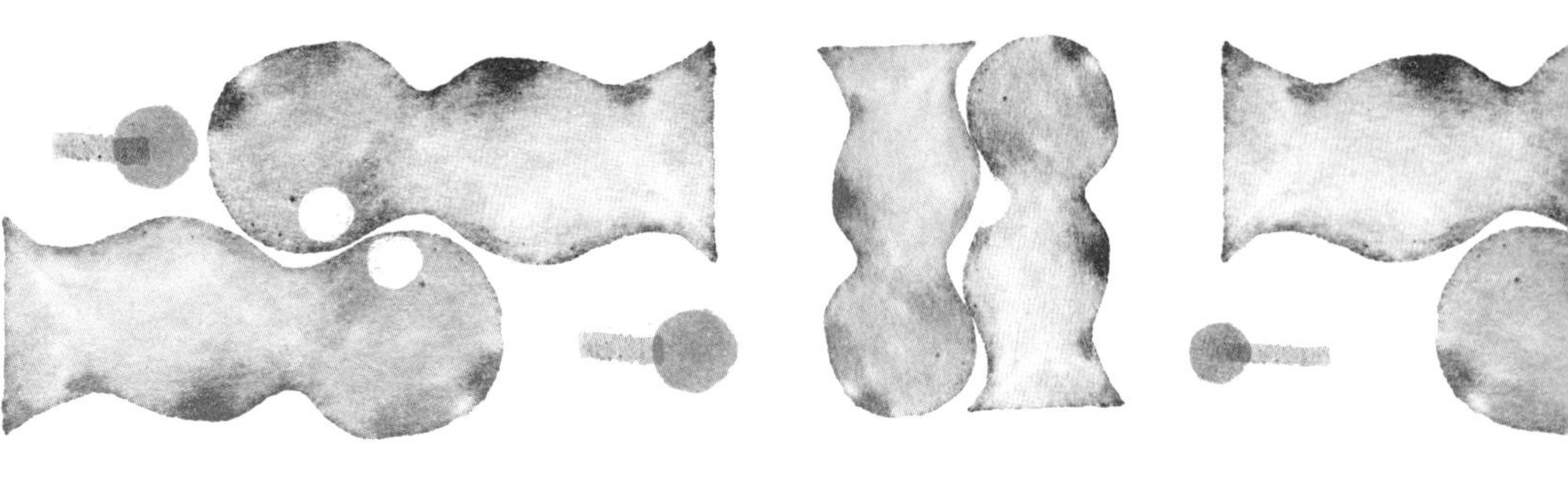

＊みそかごころ［密心］

他人に知られずに、秘密にしている情愛。

＊つけぶみ［付け文］

恋しい気持ちを綴った手紙、恋文のこと。また恋文をこっそりと相手に渡るようにすること。恋心を書き綴った手紙は、「懸想文（けそうぶみ）」「艶書（えんしょ）」とも。

＊おうせ［逢瀬］

愛し合う二人がひそかに会うこと。「忍び逢い」とも。

＊せっぷん［接吻］

親愛や敬意の表現として、相手の唇や顔、頬などに自分の唇をつけること。キスのこと。

> 嬉しさ恋しさなつかしさのむらむらと込み上げて、そっと手にとり、喰い入るように眺めつめ、接吻（キッス）し、頬ずりして――。
>
> （徳冨蘆花「不如帰」）

＊えんおうのちぎり［鴛鴦の契］

夫婦の契りのこと。「鴛」は雄、「鴦」は雌のオシドリの意。オシドリは雄雌が共にいることから睦まじい夫婦仲の意にも。

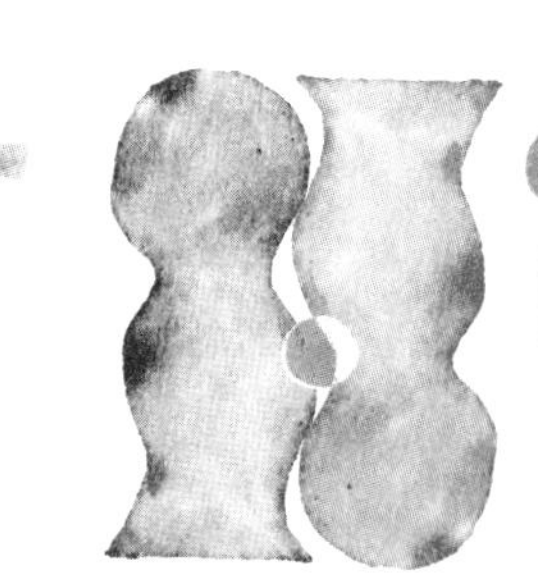

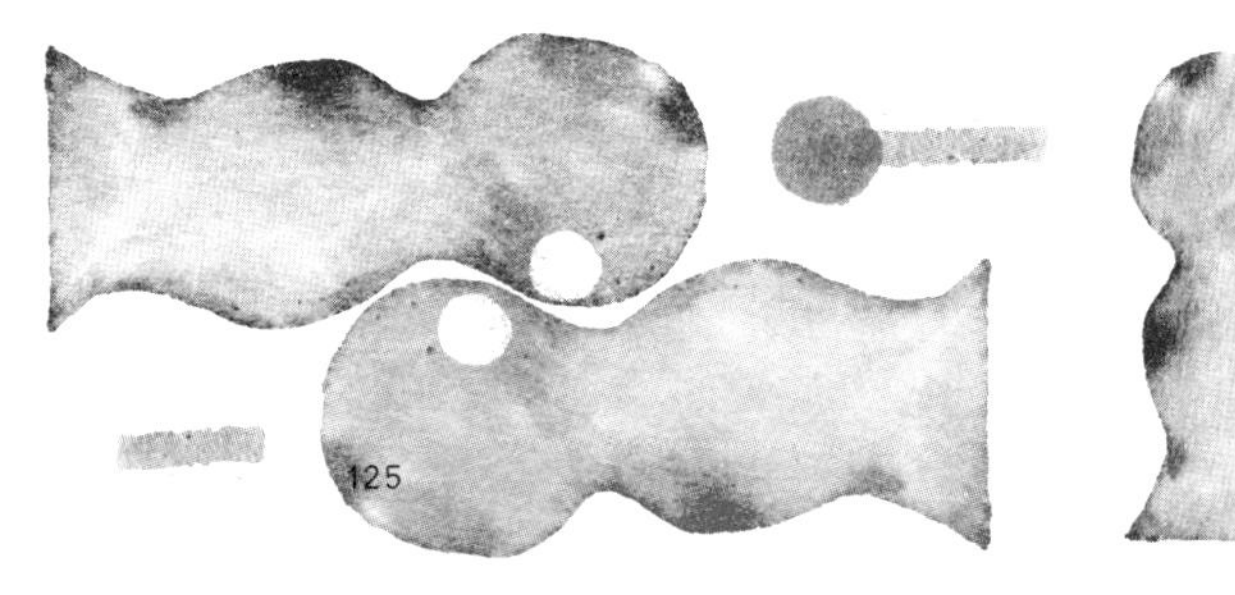

こんこん［滾々］gushing

1 水などが尽きることなく湧き出る様子のこと。

たゞ酒に酔うといくらかおしゃべりがしたくなるが、でもしゃべり出して見ると、到底昔のように滾々とは言葉が湧いて来ないので、結局平素より多少饒舌になり、声の調子が高くなると云う程度にしかなれない。

（谷崎潤一郎「客ぎらい」）


「涙が滾々と」あふれ出た。温泉の「お湯が滾々と」湧いている。傷口から「血が滾々と」流れた。休日は「滾々と眠った」、「お説教が滾々と続けられた」。などなど、生活の中から「滾々」を探してみるのもおもしろいことです。

＊しとど
ひどく濡れる様子。

＊ゆみずのごとく［湯水のごとく］
湯や水のように、お金などを粗末に使う様子のたとえ。

むさぼる［貪る］to crave

1 普通以上に欲しがる様子。また、状況が満たされていても、終わりなく続けようとすること。

うまくいって無邪気によろこぶ時の口のまわり、前にこごみ、手を逆にして打つ時の腕の形、髪毛の前に乱れかかるのをいそがしくなであげる時の手つきと額、彼はそれをむさぼるように見つめていた。

（武者小路実篤「友情」）

読書に没頭する様子を表わす、「貪るように本を読む」といった使い方もします。

すこぶる［頗る］extremely

1 非常に、たいへん。
予想以上の程度である様子。
類義語に「空前絶後」など。

> 綺麗なひとは早く死ぬ。お母さまは、お綺麗だ。けれども、長生きしてもらいたい。私は頗るまごついた。
> （太宰治「斜陽」）

あららか［荒らか］roughly

1 荒々しい様子のこと。

> 中には咳枯れたる老媼の声して、「誰ぞ」と問ふ。エリス帰りぬと答ふる間もなく、戸をあららかに引開けしは――。
> （森鷗外「舞姫」）

てっか［鉄火］furiously

1 乱暴に。おもに女性で
気性の激しい様子のこと。

> 「難有え」と鉄拐に捿へ引挟んで、ほうと呼吸を一つ長く吐いた。
> （泉鏡花「歌行燈」）

おずおず［怖ず怖ず］timidly

1 おそるおそるな様子。
ためらいながらの言動。

> 私は爺やの言うがままに、彼についてその庭の中へおずおずと這入って行った。
> （堀辰雄「美しい村」）

そぞろ［漫ろ］distraction

1 何となく、気持ちがそわそわすること。
気にかかっていることがあって
集中できない様子。場の雰囲気につられて、
そういう心情になり、行動を取っている様子。
「そぞろ歩く」は気の向くまま歩き回ること。

> 節子は部屋のあかりを点けさせない。二人は起ちつ居つ、心もそぞろに電話のしらせを待っている。そうしているうちに、何かの拍子で見交わした目の奥底に、節子は押えつけるような圧力的な微光を見た。
> （三島由紀夫「美徳のよろめき」）

かそけし［幽けし］faint

1 光、色、音などがかすかで、消え入りそうな様子。印象がかすかなこと。

まことにそれは、畳の上に幾すじもの小川が流れ、池水が湛えられている如く、一つの灯影を此処彼処に捉えて、細く、かそけく、ちら〳〵と伝えながら、夜そのものに蒔絵をしたような綾を織り出す。

（谷崎潤一郎「陰翳礼讃」）

＊ちょいちょい

ときどき。おりおり。何かにつけて繰り返される様子。

＊きれぎれ［切れ切れ］

切れては続き、切れては続く状態であること。

つめのあかほど［爪の垢ほど］an iota of

1 ほんのわずかなこと。きわめて少量のたとえ。

真に民子は野菊の様な児であった。民子は全くの田舎風ではあったが、決して粗野ではなかった。可憐で優しくてそうして品格もあった。厭味とか憎気とかいう所は爪の垢ほどもなかった。どう見ても野菊の風だった。

（伊藤左千夫「野菊の墓」）

＊みじんもない［微塵もない］

少しもないこと。ごくわずかな量。「そんな考えは微塵もない」などと用いる。

＊かのなみだ［蚊の涙］

非常にわずかで何の足しにもならないもの（こと）のたとえ。

すんぶんのすきもなく

［寸分の隙もなく］without distraction

1 「寸分」はごくわずかなこと。
ごくわずかの隙もないこと。
ごく短い時間の長さの意でも。

> こう云う風に、人の云うことも聞えないくらい熱心に、寸分の隙もなく立ち働く姉を見れば――。
>
> （谷崎潤一郎「細雪」）

てんしゅんしゅくこつのまに

［転瞬倏忽の間に］in the twinkling of an eye

1 「転瞬」は瞬きをすること、
また瞬きするほどのごく短い時間。
「倏」「忽」は、ともにたちまちの意。
つまりは瞬間のこと。

> 長押（なげし）から中折れの帽を取って被（かぶ）る。転瞬（てんしゅん）倏忽（しゅくこつ）の間に梯子段を降りるのである。
>
> （森鷗外「青年」）

よんどころない

inevitably

1 やむを得ない、そうするより他に方法がない様子のこと。
また何かを犠牲にしてもそうしなければならない状況のこと。
類義語に「のっぴきならない」など。

> なるたけ薄着をして寝台へ這入ったけれども、時がたつほどカッカッと上気（のぼ）せて、まるで蒸風呂にいるようなのである。よんどころなく下着類を皆脱いで素肌に浴衣一枚になり――。
>
> （谷崎潤一郎「旅のいろいろ」）

旅は、よんどころないことの発生率高め。対策として、私は旅先に大判スカーフを持参します。荷物が多いときは風呂敷のようにエコバッグ代わりに。暑いときには日除けや、冷房避けに。フォーマルドレスが急に必要になったときには、ショールのようにまとってドレスアップしても。工夫次第で、よんどころないときに役立ちます。

たおやか［嫋やか］willowy

1 （おもに女性の）なよなよとした優美な所作や、そう感じさせる様子のこと。

> そが傍に少女は羞を帯びて立てり。彼は優れて美なり。乳の如き色の顔は燈火に映じて微紅を潮したり。手足の繊く裊なるは、貧家の女に似ず。老媼の室を出でし跡にて、少女は少し訛りたる言葉にて云ふ。
>
> （森鷗外「舞姫」）

木々の枝が柔らかくしなるように、人の姿や物腰だけでなく、内面までもしとやかで優美な様子。自然の草花を愛でた日本らしい言葉だと思います。しっとりと上品なしぐさを表わした響きもまた美しい。日常でも使いながら残したい言葉の一つです。

なよやか supple

1 優しく、柔らかなしぐさや、そう感じさせる様子のこと。

> 高速度写真のようにスロー・モーションでなよやかに起きあがって――。
>
> （幸田文「流れる」）

はんなり calm and elegant in Kansai dialect

1 関西の方言で、上品で華やかな雰囲気が感じられる様子のこと。

> 私がわけの判らぬままにキョトンとしていると、もっとはんなりしなはれと叱りつけて――。
>
> （織田作之助「アド・バルーン」）

おくゆかしい［奥床しい］self-effacing

1 威張ったり大げさなふるまいがなく、言動や動作が上品で慎みがある様子。心づかいが豊かで、深く接してみたいと思わせる様子のこと。

> 飯のつけようも効々しい女房ぶり、然も何となく奥床しい、上品な、高家の風がある。
>
> （泉鏡花「高野聖」）

つつましい［慎ましい］demure

1 何事につけても謙虚なふるまい。礼儀正しく控えめな様子のこと。類義語に「しおらしい」など。

> その少女はつつましい微笑を泛べて彼の座席の前で釣革に下がっていた。
>
> （梶井基次郎「冬の日」）

そそとした［楚々とした］svelte

1 ほっそりとして清らかで、美しく見える様子のこと。

「楚々とした」イメージで思い浮かぶのが、古くは鏑木清方が描いた『朝涼』の女性。最近なら、ジブリ映画『風立ちぬ』の草原で絵を描く姿も清らかなヒロイン。内面の品の良さを滲ませていて、楚々とした美しさを感じます。

ほんとうの昔の箱入娘、荒い風にも当らないで育ったと云う感じの、弱々しいが楚々（そそ）とした美しさを持った顔と云えば、先ずうちの雪子ちゃんなどの顔ではあるまいか――。

（谷崎潤一郎「細雪」）

ざっぱく

［雑駁］ incoherent

1 細かいところまで注意が行き届かない様子のこと。雑で、まとまりがない状態。

> 「いえ、わたくし、今ひょいっとこう、……いつもあんまり自分がざっぱくない起きかたをしているように思ったもんですから、羞(はずか)しい気がして、……むく起(おき)に起きたりのっけに憚(はばか)りへ行ったり——。
>
> （幸田文「流れる」）

ここに抜粋した「流れる」の前文がまた素敵。「風情のある寝起きはしみてもう取れることのない技巧のなごり……」と綴られ、日常のあらゆる動作は一つ一つの積み重ねで、美しいふるまいになっていくとあります。「いつもの営み」が大事。はい、わが寝起きの姿を思い出して、自戒しています。

しゃにかまえる

［斜に構える］ to misconstrue

1 何かに対して身構えた様子のこと。また、正面から対応せずに、ひねったものの見方やからかいの態度を取ること。

> 問答の声は段々高くなって行きます。衣の袖(そで)を襷(たすき)に結び上げ、竹箆(しっぺい)を斜(しゃ)に構えた僧も二三人見えます。
>
> （岡本かの子「鯉魚」）

ようすぶる

［様子振る］ to give oneself airs

1 もったいつける、高尚ぶる、気どった感じ。

> 驚いたと云わんよりは、激したと云わんよりは、臆(おく)した様子振ったと云わんよりは寧(むし)ろ遥かに簡単な上げ方である。従って哲学的である。
>
> （夏目漱石「虞美人草」）

にがみばしる

［苦み走る］ to wear a cool and hard look; dandy

1 キリッと引き締まった顔つきの男らしい様子。奥に秘められた味わい深い人間性が感じられる男性のこと。

> 麻の單衣(ひとえ)に角帯と云う江戸前の姿で、色の淺黒い苦(にが)み走ったいゝ男(おとこ)だった。
>
> （小島政二郎「食いしん坊」）

おつ［乙］quaint

1 普通ではないが、どこか好ましさが見られる様子。少し変わっているが趣があること。

あの田んぼ道を駕籠に揺られて通うのは懐が温かけりゃこそ乙なものだろうが、駕籠かきによっちゃ相手を見て吹っかけて来やがるから、怖ろしくっておちおち乗れたものじゃないよ。（有吉佐和子「真砂屋お峰」）

おきゃん a cute chatty young girl

1 「きゃん」は「俠」の唐音。快活で、おてんばな女性の様子のこと。

私は、わざと、つっけんどんな口調で言った。「あれは、きらいなの。夏の花は、たいていすきだけど、あれは、おきゃんすぎて」「私なら薔薇がいいな。だけど、あれは四季咲きだから、薔薇の好きなひとは、春に死んで、夏に死んで、秋に死んで、冬に死んで、四度も死に直さなければいけないの？」二人、笑った。（太宰治「斜陽」）

活発でユーモアのある女性を「おちゃめ」とも。「おきゃん」「おちゃっぴい」などは今はあまり使いませんが、陽気で軽やかな音と、賑やかな性質を持った女性を表わすのにぴったりだと思います。

はすっぱ［蓮っ葉］flippant

1 「蓮葉（はすは）」の強調語。軽薄であること。
とくに女性の態度や言動が軽はずみで、品のない様子のこと。

> マダムはそんな私の顔をにやっと見ていたが、何思ったのか、「待っててや。逃げたらあかんし。」と蓮葉（はすっぱ）に言って、赤い斑点（はんてん）の出来た私の手の甲をぎゅっと抓ると、チャラチャラと二階への段梯子（だんばしご）を上って行ったが、やがて――。
> （織田作之助「世相」）

ぶっきらぼう［ぶっきら棒］curt

1 言葉に愛想がない、
態度に愛嬌や飾りけがない様子のこと。

> 「おい。百合（ゆり）ちゃん。百合ちゃん。生をもう二つ」話し手の方の青年は馴染（なじみ）のウエイトレスをぶっきら棒な客から救ってやるというような表情で、彼女の方を振り返った。
> （梶井基次郎「ある崖上の感情」）

やぼ［野暮］boorish

1 世情にうとく、場に応じた気づかいができない人、その様子。言動、身のこなし、装いなどが洗練されてない様子のこと。粋でないこと。

> 「玉初」に入りびたって、そこで寝泊りもした。柳吉は知らぬ顔もできず、好きな道ではあり、三度に一度の交際（つきあい）はした。蝶子は野暮なことばかしも言っておれず、「玉初」だけならばとそんな柳吉を許した。
> （織田作之助「続 夫婦善哉」）

ファッションやメイクの流行遅れなど、装いの垢抜けなさ。外見もさることながら、人の心の内を思いやれずに、余計なことを言い過ぎたりしつこく聞き募ったりするのが、一番野暮ったいと思います。

すいをきかす

［粋をきかす］smart

1 世間のことや人情の機微に通じて、物わかりの良いふるまいのこと。反対語は「野暮」「無粋」など。

蝶子も客の手前、粋をきかして笑っていたが、泊って来たりすれば、やはり折檻の手はゆるめなかった。近所では蝶子を鬼婆と蔭口たたいた。

（織田作之助「夫婦善哉」）

自分のスタイル（センス）を大事にしている人。社交でも、出会いを大事にして、さりげなく相手を思いやる言葉かけができたり。粋とは「過ぎない」こと。距離感のバランスの良さとも言えます。

〈粋を学ぶ〉

私自身が学びを得ているのは、日本舞踊や歌舞伎で観る「粋」。舞台の物語の多くに、江戸時代に生まれた「粋」という独特の文化が今も生きています。立役（男役）と女形（女役）、それぞれの立場での所作やセリフの言い方で、人間関係での機転の利かせ方、軽妙洒脱な生き方など、現代に生きる私たちも「粋」を肌で感じられます。

本書に登場する作品

（五十音順に併記　＊は関連語）

● 「アド・バルーン」著・織田作之助（「夫婦善哉」所収）2016年 新潮社――はんなり（130）

● 「阿部一族」著・森鷗外（「阿部一族・舞姫」所収）2022年89刷 新潮社――あんざ（22）、はがみをする（53）、さけがきく（86）、てぐすねをひく（99）

● 「ある崖上の感情」著・梶井基次郎・著（「檸檬」所収）2021年85刷 新潮社――ぶっきらぼう（134）

● 「ある心の風景」著・梶井基次郎（「檸檬」所収）2021年85刷 新潮社――ほっつきあるく（15）、みみをそばだてる（46）、しこ（113）

● 「伊豆の踊子」著・川端康成・著 1989年108刷 新潮社――かたをつぼめる（34）

● 「芋粥」著・芥川龍之介（「羅生門・鼻」所収）2022年90刷 新潮社――きざみあし（14）、そんきょ（21）、はなでわらう（48）、しょうばんにあずかる（84）

● 「陰翳礼讃」著・谷崎潤一郎 2000年5版 中央公論新社――たまはだ（78）、かそけし（128）

● 「歌行燈」著・泉鏡花（「歌行燈・高野聖」所収）2021年85刷 新潮社――きざ（19）、かたをはる（35）、もみでをする（40）、まなじりをあげる（51）、すそをはらう（66）、ひしぐ（100）、みつゆびをつく（106）、はなのしたをながくする（123）、てっか（127）

● 「うたかたの記」著・森鷗外（「阿部一族・舞姫」所収）2022年89刷 新潮社――いちあし（14）

● 「美しい村」著・堀辰雄（「風立ちぬ・美しい村」所収）1985年86刷 新潮社――うっちゃる（98）、たたずむ（10）、きびすをかえす（17）、たばこをふかす（87）、おずおず（127）

● 「運」著・芥川龍之介（「羅生門・鼻」所収）2022年90刷 新潮社――しわがれごえ（115）

● 「越年」著・岡本かの子（「老妓抄」所収）2021年62刷 新潮社――ひるがえす（65）

● 「温泉宿」著・川端康成（「伊豆の踊子」所収）1989年108刷 新潮社――こくびをかしげる（45）

● 「女客」著・泉鏡花（「歌行燈・高野聖」所収）2021年85刷 新潮社――うちかたぶく（11）、まとう（62）

● 「過古」著・梶井基次郎（「檸檬」所収）2021年85刷 新潮社――＊たちすくむ（10）

● 「家霊」著・岡本かの子（「老妓抄」所収）2021年62刷 新潮社――あごでさしずする（113）、かきくどく（111）

● 「海異記」著・泉鏡花（「泉鏡花集第四巻」所収）2004年 岩波書店――みずをむすぶ（96）

● 「風立ちぬ」著・堀辰雄（「風立ちぬ・美しい村」所収）1985年86刷 新潮社――よろめく（15）、まどろむ・まんじりともしない（89）

● 「厠のいろいろ」谷崎潤一郎（「陰翳礼讃」所収）2000年5版 中央公論新社――めくるめく（49）

● 「きもの」著・幸田文 2000年7刷 新潮社――みごなし（28）、かなぐりすてる（63）、つまどる（67）、はしょる（69）、もくれいする（108）、つぎほがない（111）、そっぽをむく（116）

● 「客ぎらい」著・谷崎潤一郎（「陰翳礼讃」所収）2000年5版 中央公論新社――こんこん（126）

● 「食いしん坊」著・小島政二郎 1955年 文藝春秋新社――かんじょうをする（94）、にがみばしる（132）

● 「草枕」著・夏目漱石（「夢十夜・草枕」所収）2023年25刷 集英社――たんかをきる（114）

● 「国貞えがく」著・泉鏡花（「歌行燈・高野聖」所収）2021年85刷 新潮社――すりあし（12）

● 「虞美人草」著・夏目漱石 2023年125刷 新潮社――ねこなでごえ（115）、ようすぶる（132）

● 「好色」著・芥川龍之介（「羅生門・鼻」所収）2022年90刷 新潮社――こしをかがめる（31）、あたまをもたげる（44）、はなをうつ（48）、あくびをかみころす（54）、せきばらい（113）、しどけない（121）

● 「古都」著・川端康成 2022年2刷 新潮社――かたをすくめる（34）、ほおづえをつく（42）、かおをくもらせる（44）、しごく（70）、ひじまくらをつく（88）、こころづくし（92）、こわきにかかえる（100）

● 「高野聖」著・泉鏡花（「歌行燈・高野聖」所収）2021年85刷 新潮社――つまだつ（11）、にじりよる（25）、かぶりをふる・こうべをたれる（44）、からからとわらう（57）、ひっかける（64）、きもをすえる（93）、くらわす（118）、おくゆかしい（130）

● 「桜の実の熟する時」著・島崎藤村 2018年改版 岩波書店――みをやつす（90）

● 「細雪」著・谷崎潤一郎 1990年77刷 新潮社――みみうちする（46）、めをかすめる（50）、めかす（61）、しなをつくる（120）、すんぶんのすきもなく（129）、そそとした（131）

● 「斜陽」著・太宰治 2022年141刷 新潮社――みもだえする（29）、みじまい（60）、くちをうるおす（82）、うつらうつら（89）、えりをただす（104）、すこぶる（127）、おきゃん（133）

● 「食魔」著・岡本かの子（「老妓抄」所収）2021年62刷 新潮社――めをしばたたく（50）、おくびをはく（54）、ゆうげをしたためる（82）、めまぜする（112）

● 「邪宗門」著・芥川龍之介（「羅生門・鼻」所収）2022年90刷 新潮社――めもくれない（117）、こおどりする（123）

● 「城のある町にて」著・梶井基次郎（「檸檬」所収）2021年85刷 新潮社――はやしたてる（114）

● 「鮨」著・岡本かの子（「老妓抄」所収）2021年62刷 新潮社――ぞろり（62）

● 「青年」著・森鷗外 2022年98刷 新潮社――そくはつ・ひさしがみ（77）、まごまごする（90）、たたなわる（99）、ようかいしない（111）、しゅこうする（112）、なまめかしい（121）、てんしゅんしゅくこつのまに（129）

● 「世相」著・織田作之助（「夫婦善哉」所収）2016年発行

新潮社――くびをすくめる(45)、すそさばき(66)、いろめをつかう(123)、おかぼれ(124)、はすっぱ(134)

●「雪後」著・梶井基次郎(「檸檬」所収)2021年85刷 新潮社――ぬきあしさしあし(16)、はだける(63)

●「善蔵を思う」著・太宰治(「きりぎりす」所収)2020年75刷 新潮社――くちをつぐむ(117)

●「それから」著・夏目漱石 2022年150刷 新潮社――およびごし(32)、てをかざす(39)、まゆをひそめる(51)、いずまいをなおす(104)

●「続 夫婦善哉」著・織田作之助(「夫婦善哉」所収)2016年発行 新潮社――かたでいきをする(34)、あかぬける(79)、からげる(71)、きりきりまい(91)、やぼ(134)

●「旅のいろいろ」著・谷崎潤一郎(「陰翳礼讃」所収)2000年5版 中央公論新社――しゃちこばる(105)、よんどころない(129)

●「畜犬談」著・太宰治(「きりぎりす」所収)2020年75刷 新潮社――じたんだをふむ(119)

●「蔦の門」著・岡本かの子(「老妓抄」所収)2021年62刷 新潮社――はせさる(17)、てひさし(39)

●「天守物語」著・泉鏡花(「夜叉ヶ池・天守物語」所収)2022年55刷 岩波書店――みをひねる(29)、しとねにつく(88)、ずにつく(107)

●「燈籠」著・太宰治(「きりぎりす」所収)2020年75刷 新潮社――しゃくをする(85)

●「橡の花」著・梶井基次郎(「檸檬」所収)2021年85刷 新潮社――ひざをつきあわせる(33)

●「流れる」著・幸田文 2000年58刷 新潮社――いざる(24)、みをかわす(29)、みをしずめる(30)、てをかざす(38)、めばしこい(50)、まゆにつばをつける(52)、かたほわらい(57)、けわい(74)、ふっかける(114)、なよやか(130)、ざっぱく(132)

●「野菊の墓」著・伊藤佐千夫 2021年119刷 新潮社――ゆわえる(71)、つめのあかほど(128)

●「破戒」著・島崎藤村 2023年153刷 新潮社――はぶりがよい(95)

●「売色鴨南蛮」著・泉鏡花(「歌行燈・高野聖」所収)2021年85刷 新潮社――もみたてる(70)

●「美徳のよろめき」著・三島由紀夫 2021年 新版発行 新潮社――ゆうをこす(92)、るるとのべる(110)、むねをとどろかす(122)、そぞろ(127)

●「冬の蠅」著・梶井基次郎(「檸檬」所収)2021年85刷 新潮社――ふところでする(37)

●「冬の日」著・梶井基次郎(「檸檬」所収)2021年85刷 新潮社――つつましい(130)

●「夫婦善哉」著・織田作之助 2016年発行 新潮社――たんでんにちからをいれる(36)、かいがいしい(90)、すいをきかす(135)

●「放浪記」著・林芙美子 2022年51刷 新潮社――せぐりあげる(56)、まゆをひく(75)、すする(83)、だだをこねる(116)、ひっぱたく(118)

●「濹東綺譚」著・永井荷風 2022年88刷 新潮社――たてひざ(20)、かたでかぜをきる(35)、めをみはる(49)、えもんをなおす(68)、びん(76)、かきこむ(83)

●「不如帰」著・徳冨蘆花 2021年7刷 岩波書店――かたずをのむ(53)、といきをつく(55)、せっぷん(125)

●「舞姫」著・森鷗外(「阿部一族・舞姫」所収)2022年89刷 新潮社――あららか(127)、たおやか(130)

●「真砂屋お峰」著・有吉佐和子 2003年17刷 中央公論新社――せいざ(18)、にじる(25)、こしをうかす(31)、ひざをたたく(33)、うでをこまねく(37)、ゆびおりかぞえる・ゆびさきにつばをつける(41)、ぬきえもん(68)、たくしあげる(69)、たすきがけ(72)、べにをさす(75)、かみをなでつける(76)、ひだりまえになる(95)、うやうやしくささげる(108)、おつ(133)

●「紫大納言」著・坂口安吾(「新編・日本幻想文学集成6」所収)2017年 国書刊行会――りゅうびをさかだてる(51)

●「明暗」著・夏目漱石 2020年46刷 新潮社――こばなをふくらませる(48)

●「友情」著・武者小路実篤 2021年140刷 新潮社――むせびなく(56)、むさぼる(126)

●「夢十夜」著・夏目漱石(「夢十夜・草枕」所収)2023年25刷 集英社――うりざねがお(78)

●「余興」著・森鷗外(「阿部一族・舞姫」所収)2022年89刷 新潮社――とっくりのしりをつまむ(85)

●「羅生門」著・芥川龍之介(「羅生門・鼻」所収)2022年90刷 新潮社――あしおとをぬすむ(16)

●「鯉魚」著・岡本かの子(「老妓抄」所収)2021年62刷 新潮社――さすてひくて(40)、あせをぬぐう(96)、ひっくくる(100)、そでにしのばせる(101)、しゃにかまえる(132)

●「恋愛及び色情」著・谷崎潤一郎(「陰翳礼讃」収録)2000年5版 中央公論新社――きぬずれ(62)、おざがさめる(86)、こいこがれる(122)

●「老妓抄」著・岡本かの子 2021年62刷 新潮社――したうちする(52)、いきりたつ(119)

●「吾輩は猫である」著・夏目漱石 2023年127刷 新潮社――*ちょりつ(10)、おちゃをにごす(111)

おもな参考資料

●「きもの美」別冊太陽 監修・江木良彦 1989年 平凡社

●「現代日本美人画全集〈第1巻〉上村松園」著・飯島勇 1979年1刷発行 集英社

●「広辞苑」編者・新村出 2018年 岩波書店

●「三省堂国語辞典」編集・金田一京助、金田一春彦、見坊豪紀、柴田武 1986年19刷 三省堂

●「鏑木清方 清く潔くうるはしく」著・宮崎徹 2022年3刷 東京美術

●「たたずまいの美学 日本人の身体技法」著・矢田部英正 2004年1版 中央公論新社

●「日本の大和言葉を美しく話す」著・高橋こうじ 2015年13刷 東邦出版

和のふるまい言葉 さくいん

本書に掲載した言葉について、見出し語、＊関連語を、五十音順に並べています。

おわりに

私の「和のふるまい」修業は、20代の頃から。「ミス映画村」に選ばれて女優の卵となった東映の京都撮影所では、礼儀作法、ふるまい、言葉づかい、様々な表現力を学びました。それから着物モデル時代には、立ち姿から指先に目線まで、美しく映る和のポージングを研鑽。そんな演者として培ったものが、この本の制作では大いに役立ちました。人生に無駄なしですね。

実践しやすさを大事にしたくて、ほとんどのイラストにおいて、私自身が表情を作ってポージングをした「実写」をもとに描いてもらいました。美人画の素敵なポーズやマナー的な所作、わが愛犬・リクが協力してくれたポーズもあります。言葉を読みながら、体を動かして真似てもらえたら、より楽しめると思います。

最後にお礼を。どんなポーズも表情豊かに描いてくれたイラストレーター・檜垣文乃さん、素敵な紙面にしてくれたデザイナー・檜垣有希さん、日本語でも難しい言葉をわかりやすく英訳してくれた英文学者・金澤朋紀さん。この本の応援団になってくれた同志社大学の教え子、西村圭乃さん、沖田英里さん、高山朋さん。最初から最後まで二人三脚で支えてくれた編集者・おおしれいこさん、出版を担って下さったすばる舎・大石聡子さんなど、幸せなご縁があってこの本が生まれました。

この本の読者の方々に、和のご縁が広がることをお祈りします。

著者

柾木 良子（まさき りょうこ）

京都生まれ京都育ち。高校・大学で染織科専攻。女優として大河ドラマに出演するほかテレビ、CM、雑誌「美しいキモノ」などメディアで多数活躍。女優引退後は、着物や伝統文化を「伝える」フィールドへ軸を移す。学生・社会人教育については幅広い世代に好感を得る〈大人のマナー・美しい所作〉の講演なども人気。京都府立大学・教育研究評議会委員、京都市社会教育委員などを務め、2018年からは同志社大学にて日本語・日本文化教育センターの講師として教鞭をとる。「京の冬の旅」京都デスティネーションキャンペーン（JRグループ）2020年ポスター出演。

https://www.masakiryoko.com

和のふるまい 言葉事典
所作まで身にしみる
趣ある言い方

2024年5月25日 第1刷発行
2024年8月8日 第2刷発行

著　者——柾木 良子
発行者——徳留 慶太郎
発行所——株式会社すばる舎
〒170-0013
東京都豊島区東池袋3-9-7 東池袋織本ビル
TEL——03-3981-8651（代表）
03-3981-0767（営業部）
FAX——03-3981-8638
https://www.subarusya.jp

イラスト——檜垣 文乃
デザイン——檜垣 有希
構成編集——おおいし れいこ
進行編集——大石 聡子（すばる舎）
英　訳——金澤 朋紀
校　正——園部 絢子
印　刷——ベクトル印刷株式会社

スペシャルサンクス——心からの感謝を込めて（敬称略）
沖田 英里、高山 朋、西村 圭乃ほか、応援してくださった皆さま

落丁・乱丁本はお取り替えいたします

ISBN978-4-7991-1231-1